機嫌よくいれば、だいたいのことはうまくいく。

聖心会シスター
鈴木秀子
著・イラスト

かんき出版

はじめに

人生は折り返し地点からが醍醐味。比べない、とらわれない、老いを恐れない。希望をもって、機嫌よく生きる。

年齢を重ねると、できないことが増えていくものです。足が衰えたり、耳が遠くなったり。そういう不具合いが増えたことで戸惑いがあるかというと、私にはあまりありません。

なぜなら、私はいまを生きているからです。

いろいろなことができていたのはもう昔のこと。できないことは受け入れて、今日と明日を笑って生きられれば、何の心配もありません。


人生は60歳から、この折り返し地点からが醍醐味だと思います。

それまでは一生懸命がんばって、がんばって、その経験が円熟してくるのが60代です。体力は残念ながら落ちてきますが、その代わりにいろんな経験からくる知恵が熟してきます。


周りの目を気にせず、好きなことだけをやれる。

人間の生きる醍醐味が始まるわけです。


定年退職すると、肩書きや社会的地位は何の意味ももたなくなります。

子どもは自立して家を出ていきます。自分の親も旅立ち、場合によっては、配偶者も自分より先に旅立つかもしれません。

そのうち、足腰が弱りはじめ、身体がいうことをきかなくなり、誰かの介護が必要となるときがくるかもしれません。

若いときにできていたことが、ふと気づくとできなくなっている。そういう意味で「老い」は、人生で溜め込んできたことを手放していくプロセスです。

もはや意味のなくなった、かつての地位や肩書きを手放していく。昨日まで動いていた手足の動きも少しずつ手放していく。蓄えてきた貯金も、もはや自分のためだけに使うのではなく、手放していく。

この世で蓄えてきたものにとらわれることなく、手放していくのです。

でもその過程でできる余白のおかげで、いろんなことに気づくようになります。若いときには気にも留めなかったことが面白く感じられたり、自然の美しさや美味しいものだってわかるようになります。

なんでも、たくさん急いでやる必要がなくなれば、少しのことにゆっくり時間をかけられるようになるのです。

そうすると、さまざまな人間味も味わって、人の面白さもわかるようになる。「人間が丸くなる」とは、受け入れる余裕ができること。

こうして豊かになった感情が、人生そのものを豊かにしてくれます。

私は聖心会シスターとして、50年にわたってたくさんの方々のお話を聴いてきました。

これまで150冊を超える本を出版し、みなさんと一緒に人生について思うことを考え、いろんなことを綴ってもきました。そんな私が、いまもっとも大切だと思っているのは、次の一言に尽きます。

「上機嫌でいる」

これこそ、もっともシンプルな幸せのコツといってもよいでしょう。

この先、一体どうなっていくのか……。生きることにまつわる不安と苦痛、とらえどころのない、もやもやした雰囲気にあふれているいまの時代だからこそ、「上機嫌で生きる」ということをお伝えしたいのです。

コロナの時代、家にこもることが多く、会う人も限られていました。いつも同じ人と狭い空間で遠慮しながら少しずつ我慢して暮らしていると、何でもないことでムッとしたり余計なことを言ってしまったりしませんでしたか？　そんなヒリヒリした空気をほぐしてくれるのが、「穏やかな機嫌のよさ」です。

「機嫌よく」とは、いつも明るく冗談を言って笑っていることではありません。「心穏やか」にいることです。

人と比べて自分を飾ることなく、何かにとらわれてイライラしたり、気を遣うこともなく、老いを恐れずに自然体の自分でいる。

こんな厳しい時代に、機嫌よくなんてできないという人もいらっしゃるでしょう。

人ですから怒ってもいい。泣いてもいい。もちろん笑うのは大歓迎です。喜怒哀楽は心豊かな証拠であり、感情を押し殺すのは何より辛いことです。ですから、心のままに。

ただし、不機嫌になったときには素早く気持ちを切り替える。

不機嫌の芽が湧いてきたら、それに素早く気づく。これは訓練が必要ですが、心がければどなたでも身につけられます。

大きく息を吐く。その場から離れる。場や空気を変え、不機嫌の芽をポイと放り投げてしまうと、一気に楽になります。

ひとまず、言われたこと、されたことにとらわれず、忘れてしまう。

「自分が悪かったのかな」とか、「こんなにイライラしているなんて嫌だな」などとも思わない。不機嫌の芽にとらわれないことが大事です。

本書では、私が八十余年生きてきて身につけてきた心がけと大切に思っていることをご紹介しましょう。

まず日々の暮らしの中でできること、自分を励ます方法、そして小さなことを面白がるためのコツをお伝えします。

最後は人生の終盤、死への心構えや準備についてです。


ところで、本書に掲載されているイラストは、どれも私が長年つけてきた「読書ノート」に描いていたものです。

出版社の人と打ち合わせをしていたとき、「イラストをもっと上手に描けるようになるにはどうしたらいいかしら」と私がお話ししましたらイラストをお見せすることになり、編集の方から「この本のイメージにぴったりです。ぜひ使わせてください」と言っていただきました。

まさか自分のイラストが本に使われるなんて、と驚きもしましたが、そのお申し出がとてもうれしく、初めてのお披露目となりました。

生きているのは、この一瞬、そしてまた次の一瞬。今日と明日を楽しい感情で自分を満たし、生きていくことができれば幸せです。

あなたが機嫌よければ、相手もうれしい。花は小さなことから開いていきます。

本書を手にとってくださったみなさまが、毎日、心穏やかにいられますように。

2021年春　聖心会シスター　鈴木秀子

機嫌がいい人の習慣

習慣1
まっ白な手帳には
自分への
褒め言葉を書く

習慣2
イラッとしたら、
大きく息を吐いて、
その場から離れる

習慣3
人は人、自分は自分。
他人や世間のものさしで
心を浮き沈みさせない

習慣4
名前を呼んで
心をこめて
挨拶する

習慣5

相手を思い
身だしなみを
整える

習慣6

一生懸命に
なりすぎない。
中くらいの感覚で
のんびりいく

習慣7

自分ができる
小さなことで、
人の役に立つ

習慣8

「もうこの歳だから…」
と年齢を
言い訳にしない

習慣9

相手の成功を
喜び、言葉にして
具体的に褒める

装幀・本文デザイン…細山田光宣＋木寺 梓
（細山田デザイン事務所）
本文ＤＴＰ…野中 賢（株式会社システムタンク）
カバー・本文イラスト…鈴木秀子
編集協力…大西美貴・笠原仁子

目次

機嫌よくいれば、
だいたいのことはうまくいく。

人生は折り返し地点からが醍醐味。
比べない、とらわれない、老いを恐れない。
希望をもって、機嫌よく生きる。

CHAPTER 1

小さなことを面白がれば人生は大成功

CHAPTER

2

日々機嫌よく、心を整えるコツ

CHAPTER

3

大切な人との別れ、悲しみを生きる力に変える

CHAPTER

4

いつかくる死、終わりがあるから一生懸命になれる

CHAPTER

1

小さなことを面白がれば人生は大成功

人生をワクワクさせる「好奇心」をもち続ける。

好奇心を忘れずにいれば、人生はいくつになっても豊かです。

音楽を聞くのでもいい。絵を描いてもいい。もちろん読書でもいい。

何にでも好奇心をもつことが大切です。


私が住んでいるところには、よく鳥がきます。ふと外に目を向けると、いろんな鳥のさえずりが聞こえてきます。

「何が鳴いているんだろう？」と興味が湧いて、「野鳥の会」の知人に「なんだか鳥のことを知りたくなったわ」と聞いてみたところ、「まずカラスとスズメから始めたら」と、アドバイスをくださいました。

カラスやスズメから勧められるとは思わなくて驚きましたが、なるほど、カラスやスズメもたしかに野鳥です。いつでもどこでも見かけるので、わざわざ知ろうという発想もなかった。

「ちょっと調べてみようか」と思いました。こんなとき、私はすぐ動いてしまいます。カラスとスズメの本をいろいろ集めてみました。

なかでも、東京大学総合研究博物館の松原始先生が書かれた『カラスの教科書』(講談社文庫) はユーモアたっぷりで、カラスに愛情がわいてくる本です。

カラスは忌み嫌われる存在で、よく邪魔もの扱いされています。怖いというイメージをもっている人もいるでしょう。それは彼らが人間の生態をそのまま反映している存在からかもしれません。頭がよくて、欲が深くて人間のもつ嫌なところをたくさん見せる。

好奇心で読み始めると、ワクワクすることに出会います。カラスの行動には理由があることを知りました。コミュニケーション能力があり、食欲旺盛なのは種を保存するために懸命に餌を食べているのです。

童謡『七つの子』で、野口雨情が「カラスは山に　かわいい七つの子があるからよ」と書いたのは、母なるカラスの優しさを込めたのではないか。古くからこのように歌に描かれるほど、人間のそばにいる馴染み深い存在でもあることに改めて気づきました。

好奇心とは気持ちを寄せることです。気になったことを一歩踏み出してやってみる。すると、どんな小さなことでも、思わぬ発見があったり、楽しみを与えてくれます。

106歳まで現役スイマーだった長岡三重子さんが、初めてプールに入ったのは80歳のとき。最初はリハビリが目的で、金づち同然。25mを泳ぐのに1年以上かかったそうですが、泳ぐほど体調もよくなり、18もの世界記録を保持されました。残念ながら2021年1月にご逝去されましたが、「為せば成る」とは、長岡さんのためにあるような言葉です。

「いつかやろう」「もうこの歳から始めても……」なんて考えずに、まずはやってみることを習慣づけてみてはどうでしょうか。

YOUTUBEなど
デジタルを味方にする。

私は、パソコンやスマートフォンを自分なりに使っています。新しく何かをやることが好きなたちで、1970年代に大学の研究室でひとりに1台、パソコンを支給してもらって以来、デジタル機器はずっと自分のそばにあります。

パソコンで、Zoomを使った打ち合わせなどはやったことがありませんでしたが、「できない」「わからない」で終わらせないで、ひとまずやってみたら案外できるものです。

わからなければ教えてもらいますが、それもほどほどにするようにしています。

むしろ、「へえ、そんなことができるのね」「使ってみよう」と、わからないことを面白がって自分で挑戦してみると、少しずつ使えるようになります。

自分でできることがうれしいのです。


ＹｏｕＴｕｂｅもそうです。

録りためたビデオを見るように手軽に楽しんでいます。

私がＹｏｕＴｕｂｅを見始めたのは、6年ほど前でしょうか。

親しくしていただいていた心理学者の河合隼雄先生のお声をもう一度聞きたいと思ったのがきっかけです。

インターネットでＹｏｕＴｕｂｅを開くと、たくさんの番組が出てきます。私は「生き方」や「こころざし」など、気になる言葉や作家さんの名前で検索しています。

「先生の考え方と近いことをおっしゃっている田坂広志さんという方がいますよ」

と教えられ、現在は多摩大学大学院の名誉教授でいらっしゃる田坂さんの講演もよく聴きました。

いつでも好きな時間に見られますし、どのくらいの長さなのか、時間が表示されるので、自分の都合に合わせて視聴できるのも、とても便利です。

何よりこれだと、出かけなくても部屋でいろんな方のお話を聴くことができます。

自分のペースでゆっくり講演を聴いて、覚えておきたい話があれば、メモをとります。

YouTubeは、いまでは私の大事な情報源のひとつになりました。

ひとり時間の楽しみ方、深夜にお気に入りの本を読む。

毎晩、夜の10時から1時間ほどの読書が、至福のひとときです。静かに、お気に入りの本を読みます。

若いときは2日間で3冊は読みました。いまは1日1冊程度でしょうか。ジャンルはさまざまです。

小説でも古典といわれるものだけでなく、最近、芥川賞や直木賞を受賞された作品はほとんど読みます。

また、ビジネス書や自己啓発の本など、新聞などで取り上げられていたり、周りの方にすすめられた本はメモをしておいて、積極的に読むようにしています。

ひとり、気になる作家が見つかると、次から次へとその方の作品をどんどん読んで、その作家の方が述べておられる傾向がだいたいわかれば卒業。そして次の書き手の方へと進みます。

幼いころから本を読むのは大好きでした。

思えば母が毎日、幼い私に語ってくれた物語がその原点かもしれません。


私が生まれ育ったのは、気候が温暖な静岡県でした。

母は、幼い私の手を引いて、近くの海辺に行くと、太平洋を眺めながらさまざまなお話を聞かせてくれたものでした。

まだ5つにもなっていないくらいでしたから、何を話しているのか、ほとんどわかっていなかったかもしれませんが、ワクワクしたのを覚えています。

毎日のように連れていってもらったので、そのうちに話すことがなくなってきたのでしょう。母はついに、自分で物語を作って語ってくれるようになりました。

こういう経験を通して、私は自分でも物語を書くことを学びました。私の家には大きな机がありました。そこでものを書くのが、私は好きでした。

小学生の頃、ラジオに家族の話を応募したことがあります。日頃のことを少し大げさに「私のおかあさんはこんなに意地悪なの」と投稿したら放送されてしまい、聴いていた母は苦笑いしていましたね。

私にとって、本はかけがえのない大切なもの。本のなかには、人生を豊かにしてくれる言葉が詰まっています。

ひとりで時間を過ごすときの読書には、宝物のような一文との出会いがあります。そういうときは、心が豊かになって、辛いことから自分を解き放ってくれる言葉になぐさめられます。

また、自分を助けてくれたり楽しませてくれるだけでなく、心のバランスをとることも教えてくれます。

誰かに嫌なことを言われると、心が強く反応して、そのことばかりに気をとられてしまうことがありますよね。

そんなとき、「あの人はほんとうは何が言いたかったのだろう?」と、ふと立ち止まって、視点を変えて考えてみる。そのような力も読書は養ってくれます。

本に書かれていることはもちろん、そこで何を教えてくれるのだろうと見つけ出すのも楽しいものです。だから、どんなに読みにくいと思った本でも、必ず最後まで読み切るようにしています。

ただ困るのは、本が増えすぎることですね。

書棚に収まっている蔵書は、私にとっては宝物ですが、あまりに場所をとるので、いつも手にとって読みたい名作全集などは別にして、大事な本はパソコンのファイルに入れて、それ以外は古書店に引き取ってもらっています。

いつでもパソコンで読めると思うと、処分するのも惜しくはありません。

姿勢が大事。
しゃきっとした立ち姿は、
心身を健康にしてくれる。

私が長くお付き合いさせていただいている素敵な方のことを紹介させてください。渋沢栄一の孫娘でいらっしゃってエッセイストの鮫島純子さん。今年99歳になられます。

鮫島さんは、毎日お参りを兼ねて、明治神宮の境内を散歩されていきます。その姿勢のよさ、立ち姿の美しさは見事なものです。

以前お目にかかったときも、3階の会場まで階段を上がってこられました。

「私が足腰が丈夫でいられるのは、毎日の散歩のおかげだと思います。これは長い間の習慣ですけれども、身体が動かなくなって嫁の世話になるのは申し訳ないと思って、努めて歩くことを心がけております」

日々の心がけをお話しくださいました。コロナで自粛になる前は、講演で忙しくされていて、

「講演のとき体調がよければということを前提に、お引き受けしている

だけ。この年齢になるまで他人様のお役に立てること、忙しくしていられることはありがたいと思っています」

とおっしゃいます。

そんな鮫島さんですが、2018年、96歳のときに心筋梗塞を発症されました。痛みが三日三晩続いたそうですが、いい死に時かと心を整えて祈っていらしたら、治ったとのこと。

心筋梗塞といったら、発作が起きたとたんに不安になって落ち着いてなどいられません。だけど鮫島さんは、覚悟を決めてお祈りすることでマイナスの考えに乗っ取られることなく、穏やかに過ごされた。私はそこに、鮫島さんの生きる上での信念を感じました。

とても優しく美しいだけでなく、ぶれないしっかりした心棒をもっておられるのです。

鮫島さんはご主人を見送られたあと、考える時間が多くなり、この頃は自分が長年考えてきた宇宙の方程式のようなことをみなさんにお伝えする役割があると活動されています。

生きていて、「嫌なこと」「逃げ出したい」という思いになることはたくさんあります。「でもそれは、すべて自分の人生で果たさなくていけない必然」とおっしゃる鮫島さんに学ぶことはたくさんあります。

私自身は姿勢についてとくに意識はしていませんが、毎日教会でお祈りするときは必ず背筋を伸ばしています。短くても30分は祈るので自然と身体が覚えているのかもしれません。

長年の習慣で身についたことで、姿勢ひとつとっても1日1日の積み重ねが大切ですね。どんなに疲れていても、お祈りの場に行くとシャキッと背中が伸びます。

足踏み体操と
2キロの散歩で、
自分の健康は自分で守る。

私は今年89歳になりますが、この年齢になると、鍛えないと体力がどんどん落ちていきますから、毎日体操をしています。

お天気がいい日は、昼食がすんだら散歩です。鮫島さんのお話にもありましたが、私も修道会のある広尾から青山墓地あたりまで歩きます。片道20分から30分、距離にすると2キロ弱でしょうか。

「そんなに歩くのですか？」と驚く人もいますが、小さいころから歩くのが好きなのです。

振り返ると、ずっと大きな病気もせず健康でいられるのは、この習慣があったからではないでしょうか。幼いころから毎日歩いたことが、いまの身体を支えてくれているのかもしれません。

自然を感じる場所で歩くというのは健康を助けてくれると、身を以て実感していることもあって、70代になってからノルディックウォーキングの指導者の資格までとってしまいました。

ノルディックウォーキングを知ったのは、講演を聞きにこられたお客様が2本のポールを持っていらして、「これがあると、とても歩きやすい」と話してくださったのがきっかけでした。

すぐにパソコンで調べたら、ノルディックウォーキングというポールを使った歩行運動があること、そして偶然にも、知人である日本ノルディックウォーキング協会の長谷川佳文先生の名前が出てきたのです。

当時は指導されていなかったのですが、会いに行って弟子にしていただきました。

明治神宮外苑あたりを実際に歩いて教えてもらっていると、だんだん仲間が増えてグループで歩くようになりました。そして、ついには指導員の資格までとることになったのです。

もちろん指導はしていませんが、何事もやり始めたら、最後までやり遂げるのが私の喜びです。

山登り用のポールは身体を支えるために使いますが、ノルディックウォーキングの場合は、上半身を活用して歩くためにポールを使います。基礎から習ったおかげで正しい歩き方が身につき、楽に歩けるようにもなりました。

いつまでも自分の足で元気で出かけたいので、なるべく歩くようにしていますし、外出できないときは部屋で足踏みの機械を使っています。朝、お食事の前に10分、そして夕方にも10分、1日に20分程度の足踏みでいいそうです。外を眺めたりニュースを見ながら足踏みをすると、いい気分転換にもなります。

「最近、足腰が弱ってきて」「出かけたいけど億劫《おっくう》……」などと思いがちですが、そういう気持ちを切り替えるためにも、ウォーキングでも体操でもいい、自分なりに身体を動かす方法を見つけておきたいものです。

誰かと一緒に食事をすると、
気持ちがつながる。

食事は、好きなものを好きなだけいただきます。ものがない時代に育ちましたから好き嫌いはありません。

食べるのは身体のためでもあるけれど、栄養的にどういいとか、これは身体に悪いとか、そんなことばかり考えていると、食べる喜びが半減します。

それよりも誰かと一緒に食べるのが楽しい。「同じ釜の飯を食う」とは、苦楽を共にした親しい関係を表す表現です。

食べることは生きること。食事は生きていく楽しみを共に味わう場でもあるといえます。

もっといえば、食べ方にはその人らしさが現れますから、共に食事することはその人のあるがままを受け入れること。

楽しく食事をすると仲良くなった気がするのは、なんとなく心が許し合える関係になった気がするからかもしれません。和やかな食事は人との絆を深めてくれます。

ですから、食事のときはたくさんお話しします。

修道会で一緒に生活している人たちは、ほとんどが海外に住んだ経験のある人で、食事のときのコミュニケーションがいかに大切かを知っています。

いま、晩年をさまざまなタイプの高齢者施設で過ごす方が増えています。それぞれの個室に住んで、食事や活動は共にする。かつてはあまりなかったこういう生活様式は、目的は違いますが私たちの修道会の暮らし方と似ているところもあるかもしれません。

施設に入り、いままで知り合う機会がなかったさまざまな方たちと、共通に楽しめる話題を選びながら、楽しく食事をするのは気持ちが弾むことでもあります。

ところで先日、講演など外出する予定が延期になることが続いたとき、その時間に何をしようかと考えて、いつもの食事メニューに彩りをそえることができたらと思って、インターネットで料理のレシピを検索して、小さな1品を食卓に並べてみました。

「春菊と帆立のあえもの」や「茄子と鯖缶の煮物」など簡単にできるし、材料も近所のスーパーで手に入るものばかりで作ったメニューです。

食卓でこうしたことを話題にしながら食べるというのも、いいエネルギーがもらえるものです。

ひとりで食べるときの楽しみ方、わたくし流。

外出自粛の期間が続いたとき、親しくしているテレビ局の女性から、「雑談のありがたさが身に沁みました」といった内容のメールをいただきました。普段は気づかなかったけれど、なんでもない話が心の栄養になるのですね、とも書いてありました。

先が見えない時代に「ひとりだな」と感じると、不安だろうと思います。けれど一人暮らしの日常でも、小さな心がけひとつで生活は楽しいものに変えることができるし、そもそも人はひとりではないのです。

食事もそうです。

食事をするときは、決めていることがあります。「今日あった嫌なことを思い返さない」ということ。

無理に楽しいことを考えなくてもいいのです。

何か気持ちが前向きになることを見つけます。

白いご飯が光っていておいしそう。
お味噌汁のお出汁が効いている。
新鮮な野菜が手に入ってよかった。
など、ちょっとしたことです。

あるいは、「パソコンで見つけた料理に挑戦したけれど、これはどうかしら」「今日は新しい食材をためすことができた」と自分を褒めましょう。

何かを褒めるようにすると、毎日の食事が気分がよくなります。

こうして楽しくいただくことが、元気でいる秘訣だと思います。

目の前に話す相手がいなくても、「今日は空がきれい」とか、「あの花が咲いた！」と、言葉にして口に出します。

亡くなったご両親に対してでも、遠くに暮らす家族でもいいので、話す相手を決めると心を傾けて話せます。

生きているときは、厳しく口うるさい親だったとしても、亡くなった方は絶対的に肯定的ですから、いい父親、優しい母親を想像して話せばいいのです。

「お母さんが好きだった○○が、今日は上手にできました」

と話しかけます。ほんとうのお母さんはうるさい人だったとしても、いまはもう何も言いません。

私たちシスターのように神様の存在を身近に感じなくても、ご先祖様に向かって楽しく語りかけることも、ある種の祈りにつながる習慣です。

ひとりで食べるのですから、誰にも遠慮はいりません。いつ食べても、どんなふうに食べてもいい。

毎日の食事は〝日々わたくし流〟に楽しめばいいのです。

生きるとは、
成長すること。
いくつになっても
学び続ける。

私は研究はもちろんのこと、ウォーキングや文房具づくりに至るまで、何に対しても熱心に学んでしまうところがあります。

これは身近に学んでいる人がたくさんいて、その人たちを見て育ったからかもしれません。

叔母は昭和10年代に女性弁護士となり、妹は専攻をさまざまに変えて、大学と専門学校を4校も卒業し、美術や洋裁、お花の師範免状……数えたらきりがないほどたくさんのことを学び続けています。

私も同じ。幼い頃から本を読みふけり、新しいことを知るのがこの上なく好きでした。大学を卒業するときには、下級生から「万年学生」という言葉を贈られたくらいです。

大学を卒業して60年以上経ったいまも、学び好きであり、学んだことを人に伝えるのが幸せ。

人生を豊かに生きようと思ったら、幸せを感じることと多くの接点をもっていたほうがいい。そして私にとっての幸せの接点は、学びであり教えることでした。

学び方についてもいろいろ研究しました。

いまから40年ほど前、アメリカで、頭の中の考えをイラストにして表現する思考の方法「マインドマップ」を学びました。

それからは、読んだ本の読書ノート代わりに、要点をイラストにしてまとめるようになりました。

左ページは、勝間和代さんの『起きていることはすべて正しい』(ダイヤモンド社刊)を「マインドマップ」にまとめたものです。このように1冊を2ページ、見開きで絵にするのです。

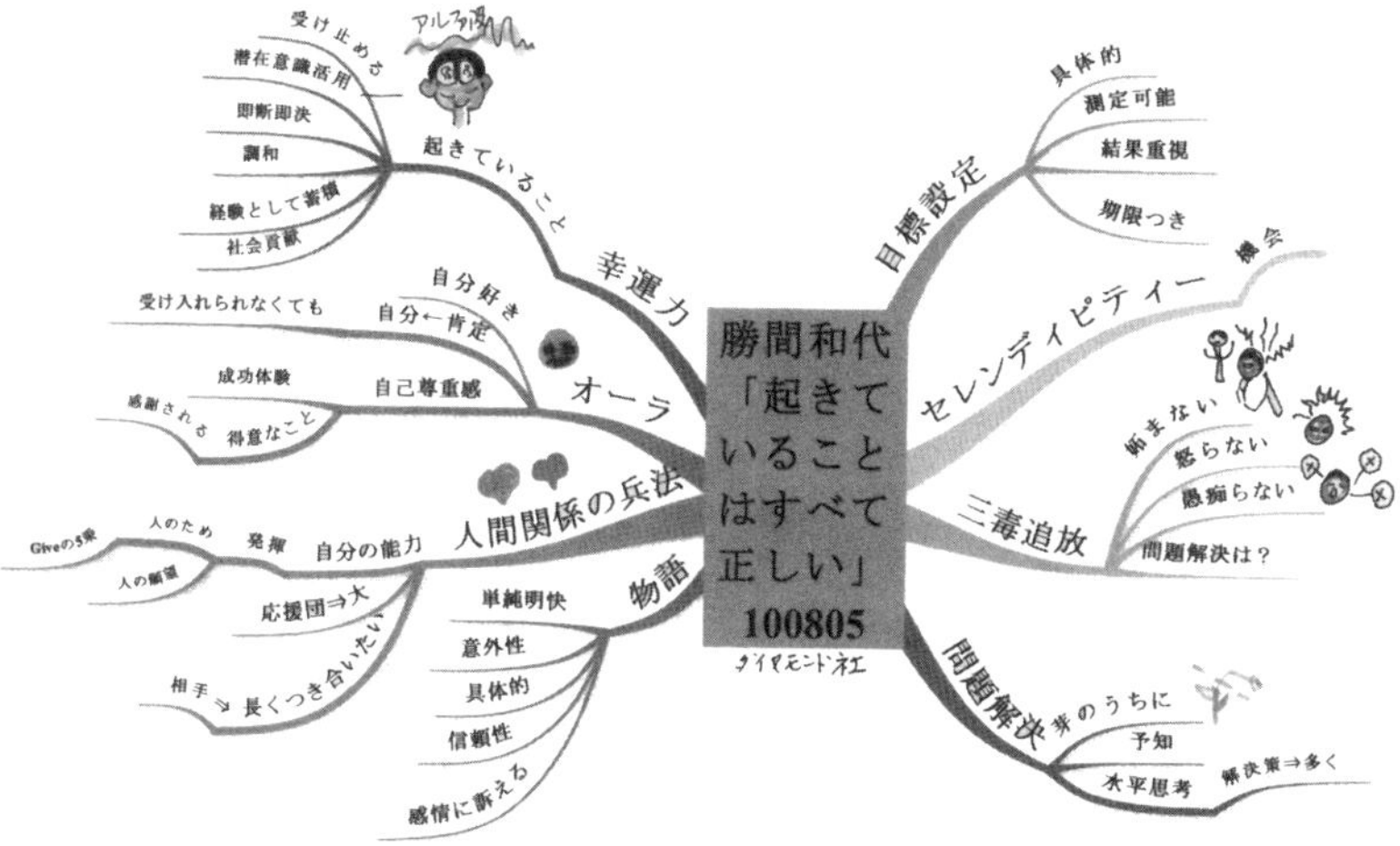

私の「読書ノート」です。
読みながら大切な箇所をマーカーで記します。
読み終えたら、マーカーのついたところをもとに、マインドマップにまとめます。
1週間ぐらいで1冊。
読んだ本すべてを読書ノートにつけているわけではありませんが、
ノートはいまでは50冊以上になりました。

文章も加えてまとめていた時期もありますが、案外読み返さないもので、イラストにすると一目で何が印象的な本だったのかがわかります。ただ、1冊分を見開きの絵におさめるのは、なかなか頭を使う作業です。「マインドマップ」を簡単に作成できるパソコンのアプリケーションソフトを使って図にしたこともありますが、迷いながら手書きするほうが、より考えが整理されて、自分の中にインプットされると気づきました。ノート2ページにまとめたことが、次の本へのヒントにもなっていますが、いまは図にするときに描くイラストを習いたいと思っています。

いくつになっても学びたいことが出てきて、まさに「万年学生」ですね。

また、せっかく読書ノートを作るならと、表装作家の麻殖生《まいお》素子《もとこ》先生に装丁を学びました。麻殖生先生の作品に出会ったのは20年ほど前のアメリカの美術館でした。一瞬にしてとりこになりました。

麻殖生先生は現代屏風の作家で、装丁は手がけていらっしゃらなかったのですが、お願いして指導していただき、ノートのカバー作りも学び始めたのです。

おかげで愛着のある読書ノートの表紙がたくさん出来上がりました。

そもそも、赤ちゃんが目にするものすべてに触れようとするのは、「知りたい」という本能があるからです。本能のもとに子どもは色々な物事に興味をもち、年代に合わせてさまざまなことを知り、体験して、心の成長は命が尽きるまで続きます。

生きるとは成長すること。

昨日と今日は同じではない。誰もがみんな、今日もまた小さなことでも何かを身につけ、知らず知らずのうちに成長しているのです。

身だしなみのさじ加減は、
相手への思い。
心地よく感じてもらえる
服装だと場が和む。

私はあるときから黒い修道服を着るのをやめました。いつも着ている服から判断すると、シスターとはすぐわからないかもしれませんし、シスターらしくないと思われるかもしれません。

昔はずっと修道服で通していましたが、1960年代に当時の大きな社会変動のうねりを受け、全世界のカトリック教会において、いままでの内向きになりすぎていた教会の扉を世界に広く開き、教会の原点にかえり、キリストの精神を深く生きようという呼びかけが行われました。

中世から受け継がれたしきたりにこだわるのではなく、現代社会で悩み苦しむ人々に寄り添い、助けになるにはどのようにすればよいか、一人ひとりが考えて、そして教会としても考え、決断していこうということになったのです。

それぞれが置かれた立場で、自立して自分で考えることが大切になりました。

そこで、私も大学の授業を修道服で続けるのかどうか、考えることになりました。

黒と白、2着の修道服で夏も冬も通していると、ある意味では楽です。何も持たなくていい。それを続けていくのもいいなと思いました。

ところがある日のことでした。授業を終えて学内を歩いていると、学生のある反応に気づいたのです。修道服を着たシスターには学生は丁寧にお辞儀をする。しかし、後ろを歩く普通の服装の先生には挨拶をしないのです。

学生は修道服で判断して相手に挨拶をするかどうか決めているのではないか。もちろんそれも意味のあることですが、修道服の力を借りずに、私自身がみんなに寄り添う方法を考える必要があるのではないか。

そう考えて、修道服を脱ぐ決意をしました。

ちょうど30代の半ばくらいの頃でした。

ただ修道服を着ないといっても、修道服以外、授業に着ていくような服は何も持っていませんでしたので、最初のころはお友達から譲っていただいたりしていました。その後、少しずつさまざまな場に合わせて増やしています。

私は講演によく呼んでいただきますので、登壇のときはスーツで、そのあとお食事に行くときは、ご一緒する方々と楽しく過ごせるよう、堅苦しくない服装を心がけています。

服装をかまうことは相手のことを考えること。

講演の準備をしてくださった方、お話を聴きにきてくださる方々に失礼のない服装を心がけるのは、相手を思うことに通じると私は思っています。

その場にふさわしいというのは、とても大事なこと。結婚式に普段着で参列しないように、「あなたを大切に思っています」という敬意を服装で表すわけです。

迎えてくださる方に気持ちよく感じてもらうことが、私にとっての身だしなみです。

お化粧も、普段はしませんが、テレビ出演ではメイクをしてもらうこともあります。

「シスターがお化粧なさるなんて」という投書もありましたが、現場の方がよいと思ってしてくださることには合わせたい。シスターだからといって拒絶すると、現場の雰囲気も違ってきます。

番組のスタッフのみなさまがプロとして考えられたことは、尊重したいものです。

その場その場に報いる出で立ちで、今日会う方が心地よく思ってくださったらうれしい。

シスターも、いまの時代を生きている自分たちと同じ感覚をもっているのだと感じてもらうことが大事だと思っています。

名前を呼んで、
心をこめて挨拶する。
相手も自分も
気持ちが明るくなる。

知っている人に会ったら、自分からすすんで声をかける。

「おはよう、Aさん」

「Bさん、お疲れさまです」

名前を呼んで心を込めて挨拶することは、小さなことですが、相手に対する最高の親切です。相手はとても幸せな気持ちになるのです。

私は大学で教えていたとき、学生と廊下ですれ違いざまに「Cさん」と、名前だけを呼んで、立ち止まることなく行き過ぎていました。学生は「どうして名前を呼んでくれたんだろう」と不思議に思ったそうです。

何年かたったとき、学生は「名前を呼んでいただいてとてもうれしかったです」と言っていました。月日が過ぎても覚えているほど、名前を呼ばれることは心に残るものなのです。

名前を呼んで挨拶することによって、相手もそうですが、何より自分の気持ちが明るくなってご機嫌になるのです。

まずは「そうね」とひと言。
人の話を聴くことは、
シニアの大切な役割。

外出自粛が続き、家族とこんなに長く一緒にいると、お互いに嫌になったこともあったのではないでしょうか。

誰もが小さなストレスを抱えているから、つい怒りっぽくなってしまうのです。

こんなとき、人とうまくやっていくコツは、「聞き上手」になることです。

自分が話すより、相手の話を聞く。

考え方や価値観が違うと思っても、否定や反論は控えて相手の言うことを受け入れてあげてください。

たとえば家族に、「人に頼んでおいて文句をつける、あなたのそういうところに腹が立つ」と言われたとき、「だって」とか、「それはあなたが」と、すぐさま反論すると、かえって相手は腹を立てます。

反論したくなる気持ちは十分わかります。

でも「違う！」と思っても、まず「そうね」と返します。

この「そうね」と一拍置くことを意識することを、お返事の癖にしてください。

批判も言い返しもしない。「あなたの言うとおり」と無理に肯定するわけでもありません。ただ、耳を傾ける。


これは「アクティブ・リスニング」（傾聴）といわれ、私も学んできた手法です。相手に寄り添い、「理解していますよ」と態度で表すことが大事です。「聞く」というより「聴く」というイメージです。

作家の遠藤周作さんは、「シスターといると、言うつもりではなかったことまで話してしまう」と、笑っていらっしゃいました。

私が話を引き出したわけではなく、ただ耳を傾けていると、どなたでも自然に胸の内をお話されるのです。

「あなたはそういうお気持ちなのね」とか「そんな思いをしていたのね」と、うなずき、共感し、相手の意見を自分が繰り返して言いながら話を進めれば、相手も話してみてよかったと感じます。


ともすれば、年配者の話は長くなったり、お説教のように話すので、反論の余地がない印象を与えがちです。

あなたに話している人は、あなたに話を聞いてほしいのです。あなたの体験や意見を長々と聞きたいわけではないのです。

自分の話を熱心に聴いてもらえると、相手は「受け入れられている」と安心して、自分の心の内を探ることができます。

人は誰でもよくなりたいという心根がありますから、愚痴《ぐち》でも何でも思う存分話すと、霧が晴れるように気持ちが整理され、自ら「解決」という出口へと辿り着きます。

すべて吐き出すことでマイナスの思いが枯れ、清水のようにプラスの思いが湧き出してくるのです。

一方で、聞き手のあなたも「こんなふうにこの人は考えていたのか」と発見があって、お互いに理解が深まっていきます。

でも、ここでストップです。

相手が不満をぶつけてきたときは、相手の怒りや不満まで吸い込まないこと。これも大切なことです。

話を一生懸命、聴く人は好かれます。相手は普段は話さないことまで気持ちよく話すことができ、満ち足りた思いになってまた話したくなるからです。

ついつい自分のことを話したくなるものですが、シニアに求められているのは、実は別のこと。聴き上手になれば、毎日がぐっと生きやすくなります。

ちょっとがんばった日は、
寝る前に
「今日はこれができた！」と、
自分をねぎらう。

自分で自分をねぎらう習慣を身につけるようにしましょう。

講演会の参加者のなかに、

「私は結婚もしないで、子どももたず、仕事だけしかやってこなかったのです」

と自分を卑下している方がいます。

そうではなくて、その方には、

「あなたは、ひとつの仕事に35年間ひたすら真面目に取り組んでいらっしゃったではないですか」

と、私は声をかけます。

別の方は、

「自分がやりたいことは何かなんてまったく考えず、家族優先で生きてきただけ」

とおっしゃいます。この方には私は、
「人のためにずーっと生きてこられたなんて、なんと素敵なことでしょう」
と答えます。

私たちの一生は一日一日の積み重ねです。その一日だけを考えると特別なことはそれほど多くはないでしょう。

働いていたら、朝起きて身繕いをして、仕事に向かう。仕事を終えて家に帰り、ご飯をいただき、お風呂に入って休む。

専業主婦の方なら、家族の朝食を作ることから始まり、家事をすませ、帰ってくる家族を迎え入れてご飯を食べ、お風呂に入って休む。

ほぼ毎日、同じことの繰り返しです。

単調な毎日。でもこれは決して当たり前のことではありません。安穏な暮らしは、決して当たり前でも平凡でもないのです。

人生は儚《はかな》く、命は脆《もろ》いもの。家族が病気になった、勤務先が倒産したなど、突然、昨日までの光景とは違う日常が訪れたりもします。

だから昨日と変わらず今日を迎えられている自分を、ねぎらって認めてあげてください。


「誰も評価してくれない、褒めてくれないから、自分なんかダメなんだ」と、間違った落ち込みに入ってしまうのは残念です。

自分で自分を認めてあげる。

当たり前のことができている自分を褒める。

親が子どもを褒めるように、自分を認め、褒める習慣をつけると、いつの間にか「自分なんてダメ」ではなく、自分を好きになります。これだけでいいのです。

歳をとるほど、自分を押し殺さないこと。

自らをいたわってください。

体力も気力も衰えてくるのは当然ですから、それを嘆くのではなく、できたことを喜ぶ習慣をつけるのです。

そして、「もっと、もっと頑張らなければ」と「自分完璧主義」に陥らず、周囲がどれだけ自分を助けてくれているかを考える。私はこの気づきを「援助感謝主義」と呼んでいます。


人だけではありません。あなたの手足も感情も、すべてあなたの味方となって、あなたに協力してくれていると考えましょう。

だから無理はしない。のんびりでいいのです。

ちょっと無理してがんばった日は、必ず寝る前に自分をねぎらいましょう。

今日はよく歩いた。

人の話をじっくり聴いた。

など、些細なことでいいのです。今日あったことを認めて自分をいたわれば、すぐに眠れます。

それでも眠れないときは、「ありがとうございます」と30回ほど感謝を唱えてはどうでしょうか。スーッと眠りに入っていきますよ。

何も成し遂げなくても、
楽しい心で
過ごしたならば、
人生は大成功。

私たちの人生は、歳とともに、日々とともに、永遠のふるさとに旅立つための毎日を過ごしています。

イエズス会のホイヴェルス神父さまは、とても素晴らしい働きをなされ、大勢の人に慕われた方でした。東京四ツ谷の上智大学で教授として、また学長として、たくさんの学者をお育てになり、その方々がいまも活躍していらっしゃいます。

ホイヴェルス神父さまは背が高く、颯爽としたドイツ人で日本語がお上手でした。ホイヴェルスさまを拝見していると、地球上には国籍とか文化の違いはないんだということを、つくづく感じさせられるような方でした。

そのような大変立派な方でしたが、高齢になってから、食事をなさったのを忘れて、食べ終わったあとまた食堂に見えるのだそうです。

「神父さま、もうお食事は召し上がられましたよ」

と言うと、

「あっ、そうですか」

と素直に帰っていく。

歳をとると食べたのを忘れて「いやいや、食べてない、もっと食べる」というのが普通ですけれども、「あっ、そうですか」と素直に帰っていらっしゃったというのです。

長年の修練というものが、認知症になってしまっても現れるものだと、周りの人はとても感嘆したというのです。

頭脳明晰で素晴らしい哲学者でいらしたホイヴェルスさまが、晩年になって最もご自分が多くの人々のため、世のために使われたその頭が認知症になったというのも、非常に皮肉なことだと思います。

私たちが「こうあるはずだ」と思うこととは、違うことが起こってくることもあります。

私たちは自分の意のままになるのが幸せ、思うとおりに物ごとが動き、思うとおりになるのが幸せと思いがちです。けれども、そういう方を拝見するときに、世の中とは思うとおりにはいくものではない。そして、思うとおりにいかないからこそ、そこに輝き出るものがある、と気づきます。

普段、見えないものが、病気になったときには見えてくる。人のありがたさが、自分が何もできなくなったときに身に沁みる。

何かを失ったときに、その尊さが見えてくるということがあります。

次はホイヴェルス神父さまが晩年お書きになった詩の一節です。

「最上のわざ」

　この世の最上のわざは何か
楽しい心で年をとり
働きたいけれども休み
しゃべりたいけれども黙り
失望しそうな時に希望し
従順に平静に
　おのれの十字架をになう

ここには、高齢になった老人の心境がつづられています。

私の親しい方が歳をとられて、

「昨日までは指をここまで伸ばすことができました。でも今日は伸ばせません。明日になるともっと伸びないでしょう。毎日少しずつ自分のもっていたものをお返ししていくのです」

と言っていました。

歳をとっていくということは、私たちにとって当たり前と思っていたものを、日々返していく辛さを味わうことになります。

それは「遠い先のこと」と思いがちですけれども、私たちが病気のとき、あるいは苦しみに見舞われているとき、物ごとが思うとおりにいかないとき、何か生きていくのが鬱々としているとき、ここに書かれていることを思い出す必要があると思うのです。

歳をとるにつれ、いろんなことが起こってきますが、心は若々しくいることはできます。元気で体力があり、精神力をもち、よいものを選び取る判断力をもっている間に、しっかり心に刻みつけておくことは、「歳をとるにつれて、思うとおりにいかないこともいろいろ起こってきますが、それもまた恵であるということ」です。

私たちはこの地上の営みを終えて、至福の世界に帰っていきます。この地上に生かされているのはわずか百年足らずです。

その間に、私たちは「最上のわざ」をできるだけたくさん実行して、生きていきたいと思うのです。


「最上のわざ」というと、何か大きな功績をあげること、名誉あることをすること、みんなから認められたり、褒めたたえられたり、拍手喝采されたり、そういうようなことと考えがちです。

もちろん、そのような業績をあげること、世に貢献すること、それも大切です。そういった役割を担ってこの地上に生まれてきている人もいます。みんな役割です。それぞれ違う役割なのです。

そういう役割の人もいれば、見えないところで地道に毎日与えられた仕事をしていく、縁の下の力持ちになる役割の人もいます。

私たちにとってみんな役割こそ違え、人間は誰もが同じに尊いのです。

私たちが「最上のわざ」を目指そうとするとき、世の中にまた違った意味で大きく貢献できます。

では「最上のわざ」とは何でしょうか。

自分はいったい何をしたらいいのでしょうか。

何をすれば心満たされ、充足して生きがいを感じるのでしょうか。

「楽しい心で年をとり」、これが一番先に出てきます。

何もしなくてもいいのです。一生あなたが楽しい心で過ごしたならば、
もうあなたの人生は大成功。

そして人類に大きく貢献していきます。

だから、楽しい心で日々を重ねていくことが大切です。

CHAPTER

2

日々機嫌よく、心を整えるコツ

気になることを言われたら、「既読スルー」でほっておく。

LINEなどのSNSで、読んでいるのに反応がないのを「既読スルー」というと知りました。

「なぜ無視されるのだろう」とか、「何か気に触ることを書いたかしら」と、落ち込む人も多いようです。

でも、「自分が思うほど相手は気にしていないかも」と考えることもできます。とらわれているのは相手の行動に対してではなく、あなたの心の動き。

「既読スルーされて嫌だな」と気にしている心を、思い切って手放してみたらどうでしょうか。

SNSのやりとりに関わらず、不安や不満はささいなことでもいったんとらわれると、あっという間にその人の心を支配します。そしてなぜか、悪いほうへと考えてしまうのです。

嫌なことを言われて不安でいっぱいになったり、不機嫌になってきたときは、

「あっ、不機嫌の芽が出てきたな」

と、まず自分で気づくようにする。すると、そのあとが変わります。言葉でも雰囲気でも感情がチクリと刺激されたら、素早くその芽を捕まえて、ちょっと違う行動に出るのです。


ここで「既読スルー」の出番です。自ら「既読スルー」を選ぶのです。深呼吸をして息をゆっくり長く吐き出します。そして、嫌なことのあった場所を離れたり、水を一口飲むのもいいでしょう。関係のないことをして、気になることを頭から手放します。

これがステップ1です。

次は肩を上げ下げする、立ち上がって歩くなどして体を緩めます。何

かにとらわれると、カチッと身体が緊張します。身体を緩めると気持ちもほぐれていきます。

そして心を決めます。どう決めるのか。

たとえば、嫌な気持ちになる前にやっていたこと、やろうとしていたことに戻って続けるのです。

多くの場合、「こうしよう」と最初に決めたことには無意識が作用します。潜在的に自分が心地いいという選択をしているのです。

Aがいいか、やっぱりBかな、もしかしてXという手もあるかななどと逡巡せずに、直感という無意識の決断に従って、潜在意識に自分を落とし込むのがポイントです。

すると不思議と、「やっぱりこっちのほうがよかったのかも」と後悔したり、反省することが減っていきます。

「決めたらそのまま実行する」ということを続けていると、迷うことが減り、不安が減ります。

「既読スルー」すると決めたら、そのメッセージを何度も見ない。深呼吸をして、スマートフォンは下に置きます。

「私は今夜はカレーを作るつもりだから、タマネギを買いに行くのだった」と、肩を上げ下げして、スマートフォンは家に置いて出かけていくのです。

朝9時に出かけようと思ったら、慌ただしくても9時に出る。あの人に声をかけようと思いついたら、どう思われるかなど考える前に声をかけてみる。

後から違うことを思っても、その声は聞かないようにするのです。

①メッセージを読み返さない
②スマホを下に置く

③最初の予定を変えない

このあと詳しく説明しますが、この3つは自分を不機嫌から解放するためのトレーニングです。具体的には124ページを参照してください。

日々実践していると、小さなことにとらわれることがなくなっていきます。

慣れてくると、相手に「既読スルー」されても気にならなくなりますし、自ら敢えて選んだ「既読スルー」は自分の力になってくれるのです。

「ついてない」という
気分でいるのは、
もったいない。
小さな訓練で
気持ちを切り替える。

新型コロナで感染が拡大したとき、いっとき「65歳以上は不要な外出は控えてください」などと報道されました。

なかには、長生きしているだけで周囲に迷惑をかけているように感じた方もいたようです。


こんなふうに自分をつまらなく感じたときは、ほんの少し、見方を変える訓練をしませんか。

気持ちの切り替えは誰にでもできます。


以前、数人で北海道の僻地を訪れたとき、暴風雪で飛行機が飛ばなくなりました。電車もいつ止まるかわからない。駅まではタクシーで1時間以上かかる。どうしたものかと途方に暮れていたとき、ある人が、

「面白いじゃありませんか、こんなの大好き！」

と言ったのです。

どうやって解決するのか、パズルのように方法を当てはめていくのは楽しいと。

この言葉で一同の気持ちはパッと晴れました。

飛行機でなくタクシーと電車を使えば長く一緒にいられるし、たくさんお話もできる。こうして私たちは元気よく動き始めたのです。

ついていない。

自分なんてダメ。

こんなふうにクヨクヨした気分で一日を過ごすのはもったいない。それよりも、自分ができる小さなことを見つけて行動して、「できる自分」を認めるのです。

お茶を飲んだらいつも自分がカップを洗っている。

ゴミ箱のゴミを捨てるのはいつも私。

シフトで自分はいつも休みの日を割り当てられる。

「なんで私ばかり？」

こう考えるのではなく、できる機会があることをありがたく捉えてみましょう。カップを綺麗に洗える。ゴミを片づける気遣いができる。あなたが休みの日に出社することで、会社の人が安心することもあるでしょう。

誰も認めてくれないと考えるのではなく、自分で自分を認めるのです。


これは意識的に自分を変え、主体的に自分を育てる訓練です。

楽観的か悲観的かは性分もありますが、訓練すれば必ず変わります。

スポーツにしても語学の勉強にしても、最初はうまくできなかったことも、続けていれば、あるときからできるようになるのと同じです。

壁を乗り越えると人は変わるものです。


もう一つ、魔法のような祈りをご紹介しましょう。

朝、目が覚めたときに、

「今日一日幸せでした、ありがとうございます。明日も一日幸せです。ありがとうございます」

と、先に感謝するのです。

すると、本当によい気分になって、物事が好転していきます。


隣人の嫌がらせに悩んでいたある人は、引っ越ししようか悩んだ挙句、この祈りを6年間も実践しました。

するとある日、隣人が訪ねてきてすべてを詫びたそうです。いままで申し訳なかった、お宅が羨ましくて嫉妬して、6年も嫌がらせに費やして、私はことごとく力が尽きてしまって目が覚めましたと。

だから、あの祈りは本当に効きますね、と話してくれました。

相手を変えるのは難しいけれど、自分を少し変えることなら簡単に実践できます。

今日は一つ、明日も一つ、気になることを少しだけよいほうに解釈して、よくできた自分を褒める。そうすれば毎日幸せな気持ちで眠りにつくことができます。

一生懸命に
なりすぎると窮屈。
中くらいの感覚で、
のんびりいく。

私には「上機嫌に生きる」という言葉の原体験があります。いまから60年ほど前、海外に出ることが難しかったころに、私はフランスの修道院で研修を受けることになりました。飛行機を乗り継ぎ、36時間かけて修道院に到着したころには、疲れと緊張で心身ともにカチカチになっていました。

そんな私に気づいたのでしょう。院長先生が、
「人生で大切なのは、機嫌よくいることです」
と、やさしく話してくださったのです。

当時の日本は父親の権威が強く、父親も不機嫌なほうが威厳があると思っているかのように威張っている男性が当たり前にいた時代です。「上機嫌で生きる」などとは考えたこともなく、おしゃべりもせず、真面目こそ尊いと思っていたので、「そんな生き方もあるのだ」と、若か

った私の心に深く刻まれました。

それから60年近く経ち、あの知的で優しい院長先生の言葉が鮮やかに蘇ってきたのです。

いまの世の中に必要なのは、まさに「上機嫌で生きること」だと。


フランスでもうひとつ思い出すのは、「Ça y est（サイエ）」という言葉です。私が最初に覚えたフランス語で、「やったー！」とか「ついにできた！」という意味合いの言葉です。

当時の私は些細なことでも、「Ça y est！」と口に出して自分を励ましていました。そうすると不思議なことに、機嫌がよくなっていくのです。

人はともすれば他人と比べて「自分なんてダメ」と思ったりしがちです。でもそれは自分を傷つけているのと同じこと。誰一人としてダメな人間などいません。

完璧でなくていい。むしろ完璧でないのが当たり前です。みんな違って個性がある。完全も不完全もないのです。

小林一茶も「めでたさも ちうくらいなり おらが春」と詠んでいます。私たちはどうしても8割、10割の幸せを目指したくなりますが、幸せじゃなければダメだと思うから苦しくなるのではないでしょうか。中くらいの感覚で、のんびりいくのが一番。

一生懸命になりすぎると窮屈です。

自然を見れば、高い木もあれば小さな花もある。鳥だって飛び方も鳴き声もそれぞれ違って当たり前で、何の違和感もありません。

人間だけが周りと自分を比較して悩むのです。

日々、ことあるごとに「よくできました！」と自分で自分を褒めてあげてください。そうすれば、どんどん機嫌がよくなっていきます。

人は人、自分は自分。
余計な不愉快を抱えない。

コロナの時代に「自粛警察」という言葉が生まれました。マスクをしない、大声で話すなど、自粛に反した行動を非難する行為です。

自分を守るのは本能ですから、「マスクをしないで話をする人」や「隣の席で話す大きな声」が気になるのは当然のことです。

自分に危険が迫っていれば尚更ですが、時として何にでも文句を言いにきたり、注意されたりするのは息が詰まります。

感染に関わることでなくても、日常的に人の言動や行為が気になってイライラすることもあるでしょう。

たとえばあなたが調子を崩していることを知らない相手から、「そんな弱々しい様子でどうするの」などと思いもよらない言葉をなげかけられたらどうでしょうか。

「この人、なんてデリカシーのないことを言うのかしら。こっちは具合がよくないのに」と、思わずイラッとしてしまいますよね。

でもそういうとき、相手の言葉に反応して感情をあらわにするのではなく、一呼吸おいて「あの人は何も知らずに言っているのだから」と、大きな気持ちで包み込んであげることができたら理想ですね。

小さなことでイラつく自分の心の狭さが嫌という真面目な人もいます。こんなときこそ、90ページでご紹介した「既読スルー」です。「どうしていつも……」というイライラの芽を素早くとって放り出します。これは「アドラーの心理学」に基づいた行動でもあります。人が思うように行動しないことが気になったときは、そもそも「誰の問題なのか」を自らに問いかけるのです。

たとえばマスクをしない人がいるとして、感染する可能性が高くなるのは本人とその周囲の人たちです。だったら、「嫌だな」と思う前に素早くその場を離れるのがいいでしょう。

ただし、あなたがお店や職場の責任者なら、マスクをしてくださいとお願いする責任はあります。

マスクをしないリスクは、本人の課題。自分と関係なかったら、相手の行動はその人の責任であって、あなたには責任のないことと考えるのです。


「なぜあんな言い方をするんだろう」

「どうしてマスクをしないんだろう」

さらには、

「あんな態度をとるのは私が悪いのだろうか」

などと、相手の課題を自分のものにする必要はまったくないのです。

人は人、あなたはあなた。

「最終的に責任を引き受けるのは誰？」
と問いかけてみましょう。

自分の課題と相手の課題をきちんと見極めることができれば、余計な不愉快を抱えることがなくなります。

アドラーはユングやフロイトと並んで、心理学の三大巨頭といわれる学者です。

2013年に大ヒットした『嫌われる勇気』（岸見一郎・古賀史健共著ダイヤモンド社）という書籍は、アドラー心理学について解説したものでしたが、私は1990年代に広島でこのアドラー心理学を学びました。

アドラーは、
「人間の行動には目的がある」

「人間は自分の行動を自分で選ぶことができる」

とも唱えていて、人の行動を勇気づけてくれるともいわれます。

150年以上前の時代を生きた学者の説がいまも息づいているのです
から、他者とともに生きる社会の真理のひとつともいえるでしょう。

アドラーの幸福論は、自分らしく生きるヒントにもなります。

「互いを大切にする」という
ぶれない軸は、
周りを幸せにする。

私たちの修道会は、200年前のフランス革命直後、一人の女性が世の中をよくするためには何が必要かと考えたことに始まりました。

世の中で必要とされているのは、優れたリーダーである。

当時のリーダーはみな男性でしたが、素晴らしいリーダーを育て、支えるのは女性です。そこで、素晴らしいリーダーを世の中に送り出すためには、母となり妻となる女性の教育が必要だと気づき、女性の教育に貢献する学校を立ち上げたのです。

社会をよくしていくための教育という考えはヨーロッパの王室にも広がり、またアメリカのケネディ一家も学びました。

日本ではいまの上皇后様も学ばれ、国際政治学者の緒方貞子さん、作家の曽野綾子さんも一人ひとりを無条件に大切にするという教育のあり方を学ばれました。

私たちは物質的な価値観ではなく、それぞれの命を大切にし、世の中をよくするという価値観に立ち戻って、反省を重ねながら教育を続けてきました。

もちろん人を育てるためには世の中の動きに敏感であることも必要です。いま、教えている人たちが社会に出たときにはどんな世の中で、どんな人が必要とされるのか、そういう時流の動きにも焦点を合わせながら、でも、風潮に流されない中心軸をもつ女性を育てることが課題です。

人はそれぞれであっていい。

ただし、互いを大切にするという中心軸をぶれさせないこと。

中心軸は人と比べて見つけるものではなく、自分を認めることで固められていくものです。

周りで起こること、周りから言われることに左右されない自分を作り続けていると、気持ちが穏やかになっていきます。

「他人の言うことを気にしてはいけません。しかし10人のうち7人から同じことを言われたならば、自分の言動についてよく考え、改めることが大事です」

と、私が以前出会ったある神父さんに教えていただきました。

私たち人間は、それぞれのものさしで人を測り、判断しがちです。他人のものさしによって、心を浮き沈みさせることのないよう心掛けていきたいものです。

私が大学で指導していたときは、いつも学生のみなさんに「自分を認めることで自信につなげていきなさい」と話していました。

緒方貞子さんも然り、曽野綾子さんも同様です。

芯が安定している人は周りの人をも安心させます。自分にとってぶれない根幹をもつことはとても大事なことです。

幸せはすでに自分の中にある。
それをただ、見つけるだけ。

私はシスターとして多くの人の悩み相談に乗ってきましたが、自分の本心を欺いて、世間がよしとしている、世間の評価軸を尊重している人が幸せであった様子を見たことがありません。彼らの心はすり減ってしまっているように見えました。

自分を理解できていない人は、自分の人生に心から満足できません。ありのままの自分はどういう人間かがわからないと、世間がよしとする道を、自分を納得させて騙し騙し進んでいくことになります。

とはいえ、自分を知ることが大切である一方、自分ほどわからないものはありません。

では、自分のことをよく知ろうとするにはどうすればいいでしょうか。たとえば、頭でただ考えるだけでなく、自分の好きなものや幸せを感じる瞬間のことをひたすら書き出してみます。自分が好きだと感じることや、ものについて3個から10個書いてみてください。

自分が普段どんなものにお金と時間をかけているのかを書き出してみるのも、自己理解を深める手助けになります。

他にも、「意外と私は◎◎ができる」と、意識して口に出してみるのも、自分のいいところを引き出す方法です。


もうひとつの方法は、幼い頃のことを思い返すことです。

あなたはどんなときに生き生きとしていましたか?

私は人形を作るときでした。そして週末は父についてあちこち歩くのが好きでした。山には果物がいっぱいなっていました。海では波止場で寝転んで流れ行く雲を眺めて人の一生のようだと空想をしたものです。

また年に一度、庭の池の水抜きを見るのも楽しかったですね。失くしていたボールなどが見つかったりするのです。

いま、手に入れるわけでもないのに骨董を見るのが好きなのは、池で思わぬ掘り出し物を見つけた喜びからきているのかもしれません。

そして、これまでたくさんの本を出版してきたのは、幼い私が書いたものを父が紙縒《こより》で本のようにまとめてくれたのがうれしかったからかもしれません。


幸せはいつかくる大きなことではなく、すでに自分のなかにあるもの。それをただ、見つけるだけです。

自分にとって価値のあることは何なのか。思いつくままに書き出してみると、そのなかに自分の軸になる大切なものが見つかるはずです。それがあなたの本質、心を満たし、人生を豊かにしてくれるものです。

意識して、自分自身としっかり向き合う時間をつくってみてはどうでしょうか。

嫉妬も怒りも、
家族やペットの
写真を眺めていたら
おさまっていく。

世の中はいいことも起これば悪いことも起こる。陰と陽がうまくバランスをとって現れてきます。

大きな木でいえば、幹や枝は陽で、根は陰の部分。目に見える分と同じくらい地中に大きな根が張っているからこそ、新芽が芽生えて美しい花を咲かせるのです。

しかし、人はどうしても悪いことに目がいきがちです。嫌なことが続くと不運だと嘆き、人と自分を比べて妬《ねた》んでしまう。「怒ったり妬むのは悪いことだから直さなければ」と自分を押さえつけ、自分自身との折り合いが悪くなってしまうのです。

怒りや妬みは激しい感情ですからすぐに気がつきますが、この陰の部分にだけに気をとられていると、大事なことが見えなくなります。

影があれば光も差す。失敗や困難は必要があって起こるもので、必ず知恵や経験となってあなたを支えてくれます。

病気も悪いことばかりではなく、働きすぎと気づくサインかもしれません。休むことで体力を温存し、バランスをとることを教えてくれます。

人を羨《うらや》むときは、「自分には人を認める力があるのだ」と考えてみましょう。「あの人はいろいろもっているけど、私には何もない」ではなく、その人にはなくて、自分がもっているものを見つければいいのです。

人は誰でもすべてが整っているわけではなく、陰の部分をもっています。あなたにも陰の部分があれば、必ず違う形で陽の部分がある。そこに目を向けるのです。

人と比べるのではなく、人のよさを認める努力する。

違った受け止め方があることに気づくのが成長であり、自分のよい面を伸ばそうとするのが努力の仕方だと思うのです。

でもそこまでなかなか行き着かないので、まずは自分の感情に気づくことです。
これは嫉妬だな。また怒ってしまった。自分を責めてしまった。
こう気づくだけでも十分です。

欧米人はよくオフィスの机に家族の写真を飾っていますね。これは、怒りから気をそらすためだと教えてくれた人がいます。

嫌なことが起こったときに怒りの感情に流されないように、かわいい子供の笑顔を見て、ほっと気を緩めるのだそうです。

好きな絵でもかわいいペットの写真でも、見ると落ち着くものを手元に置くといいかもしれません。または深く息を吐いたり、大股で歩くなど、自分なりに気持ちを緩める方法を用意しておきましょう。

自分のなかに湧き出る感情をただ認め、受け入れるだけで心は次第に静かになっていきます。

イライラしてきたら、
まずその感情に気づく。
穏やかに暮らす小さな心がけ。

電車の中で、隣の人がマスクもせず、大きなくしゃみや咳をしたらどう思いますか?

「風邪がうつったらどうしよう」とか、「エチケットのない人だ」と、嫌な気分になりますよね。

そんな不安やイライラが湧き起こったときにやることは3つ。たった3つで、気持ちはおさまります。

まずひとつめは、自分の感情に気づくことです。

人間ですから、必ず感情に起伏があります。だから、起こったことにすぐ気づいて、

「あっ、いま、自分は不安なんだな」

「イライラしているな」

と、自分を客観的に観察します。

ここで大事なのは、気づくだけで終える。それ以上はストップするこ

とです。イライラを取り除こうとか、「くしゃみひとつで不快になるなんて自分は心が狭い」などと思わない。判断は下さなくていいのです。

たとえば、お天気の観察と同じです。

雲が出てきた。ここでストップ。

「雨が降りそうだ」とか、「雨になったら困る」とか、雲が出ていることについて、あれこれ推察や判断はしません。ただ空を見上げて「あっ、雲だ」、そう思った自分の心の模様を観察するのです。

2つめのステップは深呼吸です。

大きくゆっくり、吐く息を意識して、3回も深呼吸をすれば、不安やイライラはまずまずおさまっていきます。

そして3つめのステップは、心がとらわれたこととは違うことに集中します。スマホで記事を読んでいたのを中断していたなら続きを読む。本を開いていたなら、本に戻る。

「雨が降りそうだな。傘もってないな、どうしよう」とか、「マスクしていないなんて嫌だなぁ」という感情に振り回されずに、目の前のやるべきことだけに集中してください。

集中できなかったら、体を動かします。

電車なら違う車両に移ったり、いったん降りる。道を歩いているときなら、意識してちょっと早足で歩き始めるのもいいですね。職場にいるなら、お手洗いに立つのもいいでしょう。

違うことに焦点を合わせていけば、感情にとらわれていた自分に対して、いいとか悪いとか、余計な判断を下さずにすみます。なにより、縛られた感情から解放されて、気持ちが楽になります。

この3つのステップなら誰でも簡単にできます。

「とらわれているな」「嫌なことに心が奪われているな」と感じたら、

①気づく
②深呼吸
③別のことに集中する（体を動かす）

この訓練をやってみてください。誰のためでもない、心穏やかに生きるための小さな心がけです。

穏やかにご機嫌でいるには、自分自身と仲良くなること。そのためには、自分の感情に「気づく」ことが大切です。

そして大事なのは、気づいても自分を批判しないこと。自分を責めると、マイナスの感情の落とし穴にどっとはまり込んでしまいます。

「嫌だな」という気持ちから解放されて自分と仲良くすることが、心穏やかに幸せに暮らしていく秘訣です。

幸せとは自らの心で実感するもの。自分を叱ったり、ダメだダメだと自分とケンカしていては幸せを実感できません。

あなたにとって最も大切で心強い人生のパートナーは自分自身。配偶者でも子どもでも友人でもありません。

他の誰よりも自分自身と仲良くなって、「今日もがんばった！」「よくできた！」と、小さな喜びをきちんと実感すること。

誰にでも自分を幸せにすることができます。一人ひとりのなかに自分を幸福にする素晴らしい力が備わっているのですから。

人の言動に一喜一憂するのは
無駄なこと。
6秒間呼吸を整えて
自分に集中する。

「人を見て笑ったり、悪口を言ったりするのは、『傍観者の利己主義』である」

こう芥川龍之介は言っています。

人間の心に潜むおぞましさを表現して余りありますが、この言葉からは傍観者の言うことがいかに当てにならないか、人の言動に一喜一憂することがいかに人生を無駄にしているかを教えられます。

私が主催したワークショップで、あるセッションを行いました。大きな部屋の中央に参加者を集め、自分に酷いことを言った人、恨みのある人の顔を思い出して、その人の悪口を思いっきり大声で叫ぶのです。

「おまえはこんな嫌なやつだ」「人を見下しやがって」「この馬鹿野郎」など、さまざまな罵詈雑言が飛び交います。

ところが面白いことに、しばらくするとひとり、二人と黙り込む人たちが出てきます。

私が、「どうしたのですか？　このようなチャンスはまたとないのだから、思いを発散させたらどうですか」と言うと、ある参加者は、「最初は気持ちよく叫んでいましたが、そのうち何だか自分自身を罵倒しているような気持ちになりました。相手の嫌なところが、すべて自分の中にあるんです」と話していました。

相手に自分と同じものを見て、耐えられなくなるわけです。

誰かからの身勝手な批判は、批判する人の心の投影ですから、まったく当てにならないものなのです。

人の言動で心が動いてしまいそうになるとき、それを防いでくれる「6秒ルール」と呼ばれるメソッドがあります。

「アンガーマネジメント」という怒りの感情をコントロールするための心理トレーニングで、たとえば誰かから激しく叱られたり罵倒されたりしたような場合、「あっ、いま動揺してしまっているな、傷ついたな」と、客観的な目で自分を観察し、6秒間呼吸を整えて心を静めます。

そうすればマイナスの思いが消えていき、気持ちを乗っ取られずにすむといわれています。


刺激に対してすぐに反応してしまえば、感情のとりこになってしまいます。相手の感情に集中してしまうのではなく、自分に集中しましょう。自分を冷静に観察する練習を続けていくうちに、人の言うことはそれほど深いものでも真実に根ざしたものでもないことがわかってきます。

周りにとらわれそうになるときほど、自分ファーストで自分に目を向ける。そうすれば「人の目が気になる自分、欠点の多い自分であっても生かされている尊い存在なのだ」という自覚が芽生えてきて、いつのまにか自分を受け入れることができ、自分自身と仲良しになっていきます。

「すみません」ではなく
「ありがとう」。
ポジティブなひとり言を繰り返す。

「私は、『あぁ、また失敗した』『あんなこと言わなきゃよかった』と思ってしまうと、ため息と一緒にそれが口をついてでてきてしまいます。こんな自分が嫌でしょうがありません。どうしたらいいのでしょう」

講演会でこのような質問を受けました。

ひとり言をつぶやくのは、物事がうまくいかないときです。ネガティブな感情が口をついて出てきているのです。

うまくいかないときや、ひどいことを言われると、

「なんで私はこんな目にあうのだろう」

ともやもやして、

「どうせ自分は何もできない」

と、自分を哀れに思ったり責めたりしがちです。気分が落ち込んで、ますますプラスに考えられなくなって、自分を責め続けて、ネガティブ

な言葉が口をついて出てきます。

ひとり言を言ってしまったら、
「あっ、またつぶやいてる」
と、まず自覚しましょう。「どうしてこんなこと、言っちゃってるのかな」と内容は気にしません。
ひとり言をつぶやいていることに、気づくだけでいいのです。

そして「あっ、ひとり言が多い」と気づいたら、意識してポジティブなひとり言を口にします。立派なことを言う必要はありません。自分ができていることをつぶやくだけです。

心理学者の佐藤富男さんは、ご著書のなかで、

「私たちの脳は、自身が発する言葉を正確に読み取りますから、否定的な言葉ばかり口にしていると、その通りの人生になっていきます。逆にいつも肯定的な言葉を使い、前向きな考え方をしていれば、そのような方向へと人生は動いていく」

とおっしゃっていました。

さらに「何かにつけ、『すみません、すみません』と言っている人は、一生申し訳ないと頭を下げ続ける人生を送るにちがいありません。何かにつけ『ありがとう！』と言える人は、感謝に満ちた人生を送れることでしょう」とありました。

声に出して言う「ありがとう」は、こんな奇跡を起こす魔法の言葉です。「そんなに感謝すべきなのかな」と思っていても、「ありがとう」と口にすればするほど、気持ちは感謝に傾いていきます。

これは脳の仕組みとして、感情が聴覚に従いやすくなっているからです。

いま、
見えること。
聞こえること。
歩けること。
すべてがありがたい。

ポジティブなひとり言を繰り返し言うことで、実は自分はいろんなことができていると気づきます。
命は自分では作り出せません。神様から与えられたものです。
それなのに、

「また怒鳴っちゃった」

「自分はどうしてこんなに不美人に生まれたんだろうか」

と、自分を責めたり否定するのは、神様より自分が偉いと言っているのと同じ。傲慢です。


心が弱ったとき、「どうせ自分なんてダメ」という言葉を言いたくなります。それは自分に刃を向けて、自分を傷つけていることです。謙虚に反省しているように見えて、実は大変傲慢な誘惑に陥っているのです。

反省ではなく感謝。「すみません」より「ありがとう」と覚えておきましょう。

定年退職しても、
主婦業を卒業しても、
誰もが死ぬ瞬間まで
人生の現役。

「役に立ちたい」と願うのは本能的なこと。
誰かのために何かするのはうれしいものです。誰かが喜んでくれると張り合いがでます。

なぜ人のためにやると気分がいいのか、水の流れにたとえるとわかりやすいかもしれません。

水にはどこかを潤すための出口があって、わずかであっても流れが止まらなければ腐ることはありません。

清水が湧き出て流れていく循環があるので、水は美しく保たれるのです。

人の気持ちも同じです。

「利他」ということを特別に考えることはなくても、道ばたで苦しんでいる人がいたら、誰だって声をかけずにはいられない。

自分だけ、自分の周りだけが得するのではなく、少しでいいから他の人のために尽くしてみる。そうすると心が楽に流れて、澄んだままでいられます。


病人はよく「申し訳ない」と口にします。「あなたが痛くて苦しいのに……」と言うと、

「何の役にも立てなくて、世話になってばかりで申し訳ない」

と返してくるのです。

「誰かのために生きたい」

「役に立ちたい」

こう思うのは本能であり、その本能を満たすことができないのが苦しいのでしょう。

役に立つというと、何か素晴らしいことをしなければと考えがちですが、大げさなことでなくていいのです。いつも自分がやっていることが、誰かの役に立つかもしれないと考えてみてください。

自分ができる小さなことで、人の役に立つのが一番の幸せです。

アメリカ人の友人は東日本大震災当時、長蛇の列に並んでやっと手に入れた一つのおにぎりを分け合って食べる人を見て、感銘を受けていました。

自分を犠牲にして、「やってあげた」と考えるのではなく、自分もうれしいし、相手もうれしい。喜びを分かち合うことが利他だと。

また、感謝の言葉を返すことも利他です。

電車で席を譲られたとき、「結構です」と跳ね返すのではなく、喜んで座らせてもらうと相手もうれしく思うはず。

感謝を返すことなら、何も元気なときだけにできるのではなく、弱ったとき、病気になったときでも、気持ちよく世話を受け、「ありがとう」と気持ちを返すことができます。

介護する側も「心地よかった」と言われれば、その一言で力となるでしょう。

ある病院ではこんな話もありました。

体が動かないおばあさんが、毎日看護師さんに笑顔で、

「ありがとう」

と感謝の言葉をかけるのです。

病院のスタッフはその言葉に癒されて、何かにつけておばあさんのところに立ち寄り、逆に元気をもらったといいます。

人は微笑みを一つ向けることでも、周囲を癒すことができるのです。

あなたの存在もどこかで誰かの役に立っています。

会社を定年退職しても、子育てや孫の面倒を見ることから卒業しても、社会とつながることを意識すれば、人は一生、死ぬ瞬間まで現役でいられます。

自分にできることは何か。
「声に出して笑う」など、
小さなことでいいから
誰かのために。

親しい人が辛い目にあったとき、あるいは病気の流行や災害など、世の中が大変な状況に陥ったときに、人は何か誰かの役に立ちたいと思うものです。

でも、誰もがすぐに行動を起こせるわけではありません。

手伝いに行こうという気持ちはあっても、

「明日は午後、用事が入っていた」

「ずいぶんご無沙汰しているのに、こんなときだけ顔を出していいのだろうか」

と考えあぐねているうちに、時間は過ぎていきます。

そんなとき、「自分は何の役にも立たない」と、自分を責めないこと。「役に立たなければ!」と大げさに考えなくていいと、私はみなさんにお話ししています。

何度も出かけた場所が水害で大変なことに、というニュースを見た瞬間、「どうかひどいことになりませんように」と、画面を見ながら心配な思いを言葉にして、彼の地に思いを馳せるだけでもよいのです。

私のもとには毎日いろんな方からのたくさんのお手紙が届きます。身近な大切な人が病で苦しんでいる方、事業に失敗してにっちもさっちもいかなく悩んでいる方……。

本来でしたらお一人おひとりにお返事を差し上げなければならないところ、たくさんお手紙をいただくのでそれも叶いません。

それを申し訳ないとくよくよするのではなく、私にできることは何かを考えます。大きなことではなく、小さなことです。

私は、朝夕のお祈りとは別に、エレベーターを祈りの場として、その方々のために祈ります。一人で乗ることが多く、数人で乗ったとしてもみな何も話しませんから、その数十秒の間に、「辛い思いをなさっている方々に勇気と希望、乗り越える力を与えてください」と祈るのです。

コロナ禍のとき、女優の岡江久美子さんの訃報には驚きました。お付き合いはありませんでしたが、明るく素敵な方があっけなく帰天されたことに多くの方が、自分の命を守る行動で大きな危機を乗り越えるのだと教わったように思います。

これほどみんなの思いが一つになったことは、最近あまりありませんでした。同じようにマスクをしていると、一緒に戦う同志のような連帯感も感じました。

社会は一見バラバラに見えるけれど、実はつながっている。新型コロナウイルスの流行で、改めてそう実感した方も多いでしょう。

同じ危険を前に、誰もが助け合えることはないかと考え、声を聞けば「がんばりましょう」「お健《すこ》やかにね」と互いを気遣います。

私がいつも目の前に置いている聖書の言葉で、

「いつも喜んでいなさい。絶えず祈りなさい、どんなことにも感謝しなさい。」

というものがあります。

絶えず祈るというのは、周囲に気を向けるということ。

そして、目の前のことに感謝しなさいという教えです。

緊張感を強いられるこの時代、大事なことはできるだけ声に出して笑うこと。笑う習慣をつければ、楽しいことはあちこちに見つかります。

そして「ありがとう」と言葉にして、当たり前のことに感謝する。

この2つを心がければ、家のなかの空気もよくなっていきます。あなたが機嫌よくしていることが、周りへの一番の贈り物ではないでしょうか。

大きなことをしようと背伸びをするよりも、日常のわずかな時間を使って大切な人に気持ちを傾けてください。それだけであなたは十分役に立っています。

ひとりじゃないから大丈夫。
世の中は目に見えないところで
すべてつながっている。

近年は、ニュースでよく孤独死が取り沙汰されています。

独り身の人が多くなったいま、このままずっとひとりかも……と、言いようもない孤独感に襲われることもあるでしょう。

また、人と意見や感じ方が違ったとき、自分だけが取り残されたように思うかもしれません。

しかし、命とは与えられるもの。自分の命は自分では作り出せません。そういう意味では、人の命は根底で動いたり離れたりしながらつながっているのです。


ひとりじゃないから、安心してください。

孤独なんて、ほんとうはあり得ないこと。

どうしようもなく孤独を感じたら、目の前にある物を見渡してみましょう。

部屋に机があったら、それは誰かが運んでくれたものであり、誰かが木を切り、机に加工してあなたの元に届けられたのです。

朝、召し上がったパンも、誰かが小麦を作り、パンという食べ物にしてあなたの前にやってきたのです。

この世の中は目に見えないところですべてつながっています。一人だと感じたときは、どれだけたくさんのつながりの中で生かされているかを考えてみましょう。

この本も私の名前が著者として出版されていますが、企画を考えてくれた出版社があり、紙を作り、印刷して、流通してくれる人々がいて読者の方々、そしてあなたの元に届けられました。私の名前は大きな流れの一つです。

私の好きな言葉の一つに、志賀直哉の「ナイルの水の一滴」という文章があります。

「人間が出来て、何千万年になるか知らないが、その間に数えきれない人間が生れ、生き、死んで行った。私もその一人として生れ、今生きているのだが、例えて云えば悠々流れるナイルの水の一滴のようなもので、その一滴は後にも前にもこの私だけで、何万年遡っても私はいず、何万年経っても再び生れて来ないのだ。しかも尚その私は依然として大河の水の一滴に過ぎない。それで差支えないのだ。」

「ナイルの水の一滴」（志賀直哉『志賀直哉全集第十巻』岩波書店）

たまたま、この時代に生まれて生きているだけで、それぞれ違って当たり前であり、一滴が集まって人類という大いなる流れになるのです。

落ち込んで
誰かのせいにしていたら、
なお自分を
汚すことになる。

大変なことは立て続けに起こります。辛い思いをしているときに、追い打ちをかける出来事があったり、忙しいときに仕事が重なったり。物ごとは順序正しく起こるのではなく、あなたが置かれた状況に関わらず、突然起こってしまうのです。

そういうとき、誰もが、ついつい人のせいにしたり時代のせいにしたりしがちです。

コロナのときも、世界中の多くの人が「こんなことになってしまって……」とか「神も仏もない……」と思ったのではないでしょうか。

ほんとうに辛くて苦しい最中に、「いま表に現れる現象は苦しみだけれども、その底には何らかの恵があり、これは神の愛が表れるための出来事だ」と考えるのはとても難しいこと。

ですが何年か経って振り返ったときに、「ああ、あの体験があったからこそ、自分のいまがある」と感謝して受け止められる日が必ずくると私は確信しています。

「落ち込んで誰かのせいにしていたら、なお自分を汚すことになる」

この言葉は、私が長くお付き合いさせていただき、敬愛してやまない鮫島純子さんによるものです。

鮫島さんは、

「嫌な出来事があると、ついつい人のせいにしたり時代のせいにしたりしがちですが、そうではなくて、悪い出来事も自分を清めるため、心を高めるために起きている。感謝して受け入れることで新しい道がひらかれていく」

とおっしゃいます。

「落ち込んで誰かのせいにしていたら、なお自分を汚すことになると思うと、私はそのほうが恐ろしい」

ともおっしゃるのです。

大変な状況になると、私たちは慌てふためき、恨み節のひとつやふたつ、口をついて出てきますが、そうではなくて、いまこの瞬間に自分は何をすべきか、基本的なことを考えるようにしたらどうでしょうか。

苦しみを人や環境のせいにするのではなく、いま自分がこの場で何をすればよいかを冷静に考える。

そんな心の習慣を身につけておくことが、とても大切なのではないかと思います。

鮫島さんのお話をうかがっていて、私はある若い人のことが頭に浮かびました。

その人は結婚式のひと月ほど前に足が痛くて動けなくなり、病院で全身にがんが転移していると宣告されたのです。フィアンセにそれを伝えるべきか悩みに悩んだ揚げ句、私の所に相談におみえになったのですが、私にはその人にかける言葉が何もありませんでした。

このようなとき、

「それも神様の計らいです」

などと、愛のない言葉はとても言えません。胸の中にある苦しみを、その人が話しきるまで徹底的にうかがいました。

そうすると、ご自分から「いつまでこんなことばかり言っていても仕方がない」と気づかれ、自分ができることは何なのかと、ご自分で解決の方向に進み始めたのです。

人はどんな理屈を言っても変われるものではありません。頭ではわかっていても芯から変わるのは、ほんとうの意味で自分で実感したときです。自分のなかから「こうしたい」という思いが湧き出てこない限り、人は変わり得ないのです。

このように人間のなかには深い知恵があるのですが、なかなか自分の力ではその知恵に達することができない。誰かが寄り添ってあげないといけない。

私はそのときがくるまでじっと待つことにしています。

後悔や不安に心をうばわれて無駄にエネルギーを消費するのではなく、自分の中に与えられた困難を乗り越える力を信じて前進していく。

そうなるまで私は寄り添っていたいと考えています。

私がシスターとしてやっているのはそれだけといってもいいくらいです。

私たちは弱い、
でもダメじゃない。
元気になる底力を
みんなもっている。

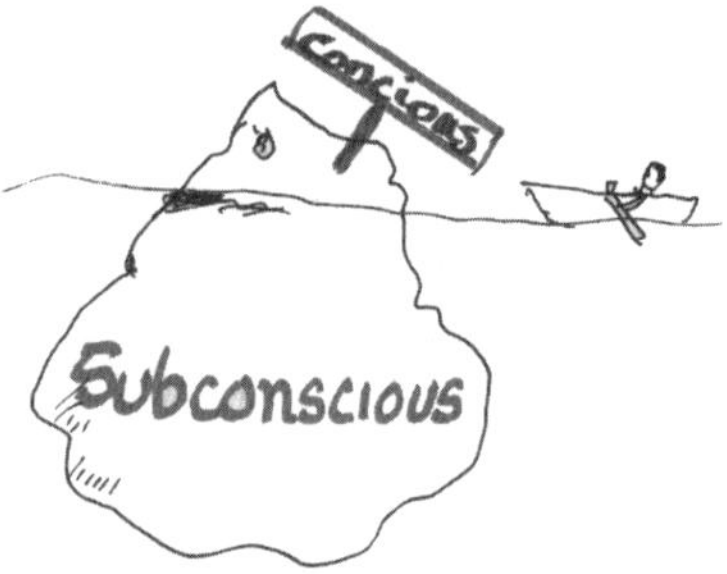

「もうダメだ、とても自分では背負いきれない」

そう思ったら、胸の中に溜め込まないで、誰かに聞いてもらうことが大事です。

かつて、あるドイツ人の神父さんが話してくれました。

彼は幼いとき、成績が悪くて優秀なお兄さんと比べられて常に劣等感を感じていました。ある夏休みの前日にもらった通知表は落第寸前で、両親に見せたらどう思うだろうと、胸が押しつぶされそうになって、家にも入れずにいたそうです。

すると、飼っていた大きな犬がトコトコとついてきたので、海を眺めながら犬に向かって、「僕は勉強もできないし、ぶきっちょだし、お兄さんみたいじゃないのがほんとうに辛いんだ。どうして僕はこんなにダメなんだろう」と話し続けました。

犬は目を見つめながらじっと最後まで聞いていたのですが、小さな彼が「もう何も話すことはないよ」と立ち上がったら、喜んで飛び跳ねたそうです。

幼い彼も思いを話し尽くしたら心が明るくなって、家に入るなり「これから頑張るからね」と、ご両親に話したそうです。

この小さな出来事から、お兄さんと自分を比べて悩むことがなくなったというのです。

もう一つ、こんなエピソードがあります。私がサンフランシスコにいたときのことです。

サンフランシスコで大地震が起こりました。そこには修道会の学校があり、地震後も先生は生徒たちに、休まず登校するようにと連絡をしました。

そして幼稚園から高校生までを一堂に集めて、3日間は授業をせずに怖かった思いを聞いていきました。生徒も教師も一緒になって話し、恐怖を口に出せない子どもにはただうなずき、互いに優しく耳を傾けて、どれほど怖い思いをしたのかを話し合ったのです。

このとき、思いを吐き出すことで心の傷が和らぐことを学びました。困難や辛いことは、大変なエネルギーを消耗します。

けれど、誰かがそばにいてくれるとその温もりが力となり、話すことで自分を押さえつけている辛さや悲しみから解放されるのです。

大きな出来事でなくても、日常に起こる怒りや悔しさ、悲しみも、考えていたことがうまくいかなかったという喪失です。こんなときも溜め込まずに、誰かに聞いてもらいましょう。

話す相手がいなければ、

「今日はうまくいかなかった」

「あぁ、ほんとに辛かったね」

と、自分に語りかけるのでもかまいません。

心の内を話すと冷静になってすっきりします。


もちろん書くのもいいですね。

私のもとにも、「生きづらくて苦しい」という方からのお手紙が、毎日のように届きます。

すべてにお返事を書けないので、手紙をくださった方のお名前を記録して、この方々が人間として成長して苦しみが少なくなりますように、ご本人はもちろん、周りの方も幸せに包まれて生きていけますようにと日々祈っています。

手紙を拝見すると、人間というのはみんなひ弱な存在。でも誰もがわずかでも生きる気力があれば、苦しみを乗り越えられる底力をもっているのだと実感します。

そもそも書くこと自体が、孤独な作業で気力が必要です。

手紙の冒頭には愚痴も綴られています。

ところが、自分の内面と向き合い、言葉でいまの気持ちを表現し続けていくうちに、最後は同じ人が書いているとは思えないほど文体も変わってきます。

「この苦しみは何か意味があって与えられているのかもしれません」

「この辛さを乗り越えることで、生きがいにつながる何かが見つけられたら」

と、一通の手紙で実に見事に自分で解決案を出し、希望を見い出していきます。この経過こそが、人がもつ困難を乗り越える力であり、成長なのです。

苦しみを乗り越える第一歩は、自分のなかに湧き出る感情をただ認めることです。

自分を責めたり解釈するのではなく、起こった出来事とあなたの思いをそのまま受け入れてください。

日記や手紙など、文字にすると感情が整理しやすいでしょう。上手く表現しようとせず、メモ書きや箇条書きなど、ただ書き出せばいいのです。

あるがままの自分の感情を受け入れることから始めると、心はしだいに静かになっていきます。

辛いことがたくさん起こり、その一つひとつを乗り越えて人として成長します。

苦しみには必ず意味があります。

あなたには、その苦しみを乗り越える底力があります。
そしてあなたのことを思い、守ってくれる味方が必ずどこかに存在しています。
私たちはそもそも完璧ではない。
弱いところはあるけれど、ダメではない。
ちゃんと立ち直る力はもっているのです。

CHAPTER

3

大切な人との別れ、悲しみを生きる力に変える

一瞬元気になったかに見える時間、
この世から旅立つ準備がはじまる。

人は、いざ死を前にすると、どのような心持ちになるのでしょうか。

心理学者のエリザベス・キューブラー・ロスは、死んでいく人々にインタビューして、どのように死を受け入れていくかをまとめました。

①否認
②怒り
③取り引き
④抑うつ
⑤受容

この5つの段階です。

余命宣告をされたら何かの間違いであろうと否定し、なぜこんな目に遭うのかと怒り、そして神様やご先祖さまなど大きな力に「どうか助けてください」と取り引きをお願いします。しかし、叶わないと知って絶望した後、現実を受け入れていくのです。

順序の前後はあるにしても、およそこのプロセスを経過して、死へと至ると話しています。

受け入れがたい現実を前に、怒ったり、抑うつ状態になるのはむしろ人として当たり前のこと。考えてみれば、自然な感情の流れです。

そして死期の近い病人は死の直前、もしくは1週間ほど前に突然、回復したかのように元気を見せる瞬間があります。

これを「心のなかのわだかまりを解消する時間」で、「仲良し時間」と呼んでいます。


病人は、いよいよ死が近いとそれを直感的に感じとり、縁のある人たちにお礼を言ったり和解をしたり、言い残したことを成し遂げようとします。体に残ったわずかなエネルギーを使って、この世を去る準備をするのです。

周りは回復したように思い、栄養をつけさせようなどと思いますが、残念ながら生き延びるためではありません。最後にひと言話したいのか、逆に一口だけ水を口にしたいのかもしれません。

いずれにしても、この世の最後に、深く愛を分かち合い、人生をまとめるための時間です。

この「心のなかのわだかまりを解消する時間」、つまり「仲良し時間」は、とてもさりげなく訪れるので、看病する人は心を澄まして、病人に寄り添うことが大切です。

この5つの段階を経て、最期に至る時間があることを知っておくだけでも、気持ちの準備ができるかもしれません。

仲違いしている人と
仲直りをしたい。
死にゆく人の強い思い。

亡くなっていく人の一番の心残りとは何でしょうか。

死を前にした人に、

「最後にしたいことは何ですか？」

と聞くと、ほとんどの人が同じことを言います。

最後の力を振り絞り、あるいは元気を取り戻して、「仲違いしている人と仲直りがしたい」というのです。


あるとき、聖心女子大学の教え子に、「母がもう死にそうなのでお祈りをしてもらいたい」と頼まれ、病院に向かいました。

このときが、私にとって死にゆく人と向き合った最初でした。

病室に入ると、お母さまはもう力が尽きかけているのがすぐにわかりました。お医者さまに聞くと、いつ息を引き取っても不思議ではない容体だそうです。

ただ、何か言いたげな様子が私には伝わってきました。

「何か気がかりがあるのですか？」と教え子に聞いても、「いいえ、心配事はありません」とのこと。

数時間後、外出して戻ってくると、話していなかったことがあると、入口で彼女が待っていました。

「父が『この期に及んでごちゃごちゃ言うな』と言うので黙っていたのですが……。実は母には姉がいて、親が亡くなったときに遺言のことで大げんかして以来、一度も会っていない。最後くらいはと思いながらも、また嫌な思いをするといけないから静かに逝かせようと思っていたのです」

きっと気がかりはこれだと、私は間に入ってお父さまを説得して、すぐにお姉さまを呼んでもらいました。幸い近くに住んでいらしたので、電話をかけるとすぐに駆けつけてくださいました。

そして、病室を開けるとすぐ、「○○ちゃん」と駆け寄ったのです。息も絶え絶えのお母さまも自分で体を起こして、姉の手をとり「私が悪かった。ごめんなさいね」と泣きながら何度も謝るのです。お姉さまも「私が悪かった」と涙を流し、最後には「会えてうれしい」という会話になりました。それは間違いなく喜びの涙であり、小さな病室には愛があふれていました。

いさかいのある人と仲直りして、「あなたは私にとって大切な存在です」と言って、死ぬのが人生最後の仕事。

愛のうちに死んでいくのが、人生最後の望みなのではないかと私は思っています。

「逝かないで！」は執着。
「ありがとう。
安心して逝って（You may go.）」と
声がけを。

大切な人に最期のときが迫ってきたら、あなたは何と声をかけますか？

何とか元気になってもらいたくて、「大丈夫だよ」「先生もよくなるって言ってたよ」、こう励ましたくなるでしょう。

でもこの励ましは、ときに相手を縛ってしまいます。

死を間際にした人にかける言葉として、私がアメリカで学んだのはYou may go.「もう逝ってもいいんですよ」という意味です。

日本人にとっては、なかなか言いづらい言葉かもしれませんね。

「別れたくない、逝かないで」という思いは、執着となって相手に移ってしまいます。すると、その人は残していく人たちがかわいそうになって死んでも死にきれないという思いになるのです。

死が近づいた人に一番必要なのは安心させてあげることです。

たとえば、最期を迎える母に、

「お母さん、どうもありがとう」

「私たちはお母さんが残してくれた家族親戚と仲良くしていきます」

「だからもう大丈夫、安心してね」

こう言うと、お母さんはとても落ち着きます。

心配という執着から解き放たれるからです。


人は亡くなった瞬間に、人生で溜め込んだものすべてから解放されます。そして何も必要としないほど満ち足りています。

大きな意味でいえば、この世での様々な出来事はあの世で幸せを享受するための修行でもあるので、すべてをやり終えたら心おきなく旅立てます。

ところが、この世に心配事を残すと安心して逝けないわけです。

亡くなった人が望むのは、愛する人やその周りの人々が生き生きと自分らしく生きていくことです。

ですから、看病してきた人は決心を固めて相手を手放すこと。

すると相手は心安らかに死と向き合うことができます。

言葉というのは相手の意識に入ってときに力を与え、ときに人生で背負ったものすべてからその人を解放してくれます。

感謝を込めて、You may go.

「安心して逝ってくださいね。私たちもみんな仲良く、幸せに生きていきますから」

この言葉は、死にゆく者にとって一番の慰めになります。

難しいけれども、日本人にも身につけていただきたいお見送りの言葉です。

大切な人が亡くなったら、
泣きたいだけ泣く。
喪失から前を向くための第一歩。

人には誰でも2度、深い喪失があります。

父親と母親の死です。自分にとっていい人であろうがなかろうが、親の死はどの人にも強く感じられるものです。

また、子どもを失う逆縁や、予測もしなかった病で入院した途端に会うこともできず、戻ってきたときはお骨になっていたという受け入れがたい悲しみも起こります。人生において、大切な人を失うのは避けられないことです。

人は思うように物ごとがはかどれば幸せだと感じますが、生きている限り、すべて思うようにいくなどあり得ないことです。だからこそ、起こったことをどう見つめ、どう向かい合って行動するかで人生の質が変わってきます。

その最たる出来事が大切な人の死であり、日常でつまずいたときにも大いに参考になるので、ある程度の年齢になったら死の捉え方について考える機会をもつとよいでしょう。

大切な人が亡くなったとき、まず大事なのは泣くことです。泣くのは人が癒されるための大きな力であり、喪失から前を向くための第一歩となります。

亡くなった当初は、喪失が大きいほど受け入れ難く、もっと早く気づけばよかったとか、お医者様がちゃんと診てくれたらとか、自分や周りを責めて混乱しがちです。そして怒りのあとには、悲しみがわき起こってきます。

ここで自分を押さえつけると、ますます悲しみが大きくなってしまいます。踏ん張ってこらえようとせず、悲しみがこみ上げたら思い切って泣くのです。

思い出すのは、北海道の十勝で「幸福の庭」と呼ばれる庭園を公開されている紫竹昭葉《しちくあきよ》さんのことです。

1万8000坪もの土地に無農薬で野の花を咲かせたガーデンは、年に10万人の人々が訪れる人気観光地で、北海道から特別功労賞を受賞されています。

紫竹さんが庭づくりを始めたのは60代で、ご主人の死がきっかけでした。

突然の病で倒れ、絶対安静で面会も許されず、そのまま遺体となって戻ってきたご主人を見て、紫竹さんは大声で泣き続けたそうです。

泣いて泣いて泣いて泣いて、もう涙が枯れ果てたのでしょうか。

娘たちに向かって、「こんなに泣ける私って素敵」と言ったそうです。

その言葉で泣いていた家族にも元気が湧いて、一緒に頑張ろうと励まし合いました。

幸せな人生をくれた夫のためにも、自分の命は人を喜ばせることに使いたいと、売れるものはすべて売って、十勝平原のはずれに広大な農耕地を買ったのです。

そして東京から庭園デザイナーを呼び、家族と力を合わせて何年もかけて、世界中から人々が訪れるガーデンを作り上げました。90代になったいまも「紫竹おばあちゃん」と親しまれ、訪れる人々を案内されています。


泣きたいときは泣けばいい。

思いっきり泣くと、悲しみや怒り、不安など心を覆っていた塵が流されていきます。

すると、人間には必ず「よくなりたい」と思う本性がありますから、抑圧から解放されて、心が切り替わるのです。

泣くのはエネルギーがいりますが、安心できる人のそばで、または実家の自分が過ごした部屋など安心できる場所で、誰にも見られたくないなら布団を被ってもいい。

3時間でも4時間でも一日中でも声をあげ、力を振り絞って泣くと、必ず前を向く底力が湧いてきます。

死は誰のせいでもありません。

泣くことで喪失を受け入れるのです。

いつもかけてくれた言葉、
なつかしいしぐさ……、
そして、大切な人がくれた愛情を
具体的に書き出す。

思いっきり泣いて心が落ち着いたら次の段階へ。あなたがもらった愛情と自分の思いを整理します。

亡くなった方はどんなふうにあなたを守り、愛してくれましたか?

具体的に考えてみましょう。


幼いころから一番かわいがってくれた大好きな父親が亡くなった。遺影をながめていると、どんな姿を思い出すでしょうか。

お父さんは無口だったけれど、何かのときには優しい笑顔で安心させてくれた。

父の日にあげたセーターをとても喜んでくれた。

私が仕事が忙しくてクタクタになっていると、朝、そっと肩を叩いて励ましてくれた。

朝は必ず明るい声で笑って「おはよう」と挨拶してくれた。

面白いテレビを見つけたら「みんな、見なさい」と家族を呼んだ。

思い出すのは日常の小さな1シーンばかり。それでいいのです。

優しいとか堅物だったなど、漠然としたことではなく、どういう人だったか、どんなことを自分はうれしく感じたのかを具体的に思い出すのです。

思いつく限り書き出します。書き出すのが辛ければ、誰かに話すのでもかまいません。

書き出してみると、その父親に代わって、優しい笑顔を見せてくれる人があなたの周りにいることに気がつきませんか。

父親ほど親密で濃い間柄ではないけれども、友人や会社の同僚など、父親がもっていたある部分をもっている人があなたの周りに必ずいるはずです。

父のように力強い言葉で励ましてくれる人。
父としていたように一緒に食事すると楽しい人。
父がやってくれたように何かと気遣って電話してくれる人。

一つずつは薄くなり、何箇所かに散らばっているけれど、全部集まればお父さんが見せてくれた笑顔や励ましになる。そんな存在が必ず周囲にあるのです。

それは亡くなった方が残していってくれたもの。あなたにご縁のある人たちを通して、あなたへの思いを伝えているのです。

存在はなくなっても、どこかに生き続けている愛情の形。
それを見つけ出すのが2段階めです。

失ったものの代わりに、
自分に残してくれたものは何？

悲しみが落ち着いて気持ちを整理すると、亡くなった方の愛情があなたの周りに散りばめられていることに気がつきます。愛情や支えは失ったけれど、代わりに得たものがあるはず。それを探し出すのが3段階めです。

長く続いた看病から解放されて時間が自由になったり、心配からの解放もあるでしょう。新しくできた時間は、亡くなった方があなたにくれた時間です。趣味を再開したり、習いごとを始めるなど好きに使いましょう。

いままで見えなかった周囲の温かさに気づくこともあるでしょう。わだかまりがあった肉親であれば、存在が亡くなってから素直に向き合えることもあるかもしれません。生きていたら言えなかったことが、いまだからこそ話せる。

自立できたならやれることも増えていきます。心に余裕ができるのも成長です。

ある人は、お父様の介護ベッドがあった場所に大きな観葉植物を置きました。陽当たりのよいところで、緑はどんどん育ち、切り花でもすぐに枯らしていたその方は、自分でも育てられることを知りました。毎日、緑を眺めてほっと一息つきながら、お茶を飲む気持ちの余裕ができたと言います。

こうして人は喪失から立ち上がっていくのです。

あなたには、亡くなった方の素晴らしさを改めて認める力が生まれているはず。大切な方はあなたの心の中に静かに寄り添って、変わらず、ずっとあなたを支えてくれるのです。

CHAPTER 3

大切な人との別れ、悲しみを生きる力に変える

「やってあげられなかった」
と悔やまない。
あなたが、
いまを生きていることが
最大の供養。

一昨年の秋のこと、銀座に出かけて転倒してしまいました。

買い物をして大きな荷物を抱えて地下鉄のホームに向かうとき、ちょうど電車が入ってきたので走れば乗れると急いだのです。すると、開いたドアの前で転んでしまいました。

地下鉄にはたくさんの人が乗っていて、目の前で私が倒れたので、側に立っていた男性が「大丈夫ですか？」と声をかけてくれました。

次に電車に乗っていた40代くらいの男性が降りてきてくれて、ポケットからティッシュを取り出し、1枚差し出してくれました。どうやら顔から血が出ていたようです。いただいたティッシュを顔に当てていると、もう1枚、もう1枚と、差し出してくれる。

そうするうちに発車のアナウンスがあり、「大丈夫ですか？」「ありがとうございます、大丈夫です」とやりとりした後、男性は急いで電車に飛び乗って行きました。

電車が出るまでのわずかな時間、大した痛みもなく、声をかけてくださった方々がほんとうにありがたかった。

このとき、たくさんの亡くなった親しい人たちが周りにいてくれるのを感じたのです。

生まれたときからずっと守ってくれて、見知らぬ人々を通して働きかけてくれる。

その大きな存在にどれほど助けられ、愛に満ちた日常で生きていることか、改めて深く考える機会になりました。

私に限らず、多くの日本人が人間を超える大きな力を知っています。

大変なことがあったとき、「どうかお願いします」と手を合わせます。

「神様なんて絶対信じない」と言っていた知人は、交通事故に遭って立ち上がれなかったとき、思わず「神様助けてください」と唱えていたと言います。

この神様は大いなる存在であり、両親や祖父母、さらに曽祖父母といったご先祖さまの守りを通しても働かれます。

子孫一人ひとりを見守り、どんなときも慈しみを贈ってくれています。私たちの命は、何代にも渡って繋がっているのです。

何か起こったときだけではなく、時折、思い起こして感謝しましょう。そして、ご先祖さまがいつも守ってくれている自分自身を大切にすべきです。

亡くなった人は、すべての苦しみから解放され、あの世では幸せに包まれています。

ピンチから逃れたとき、「ご先祖さまが守ってくれた」と感じることがあるように、あの世での勤めは縁のあった人を見守り、力を贈ることだといいます。

亡くなった人が願うのは、縁のあった人たちが笑顔で機嫌よく暮らすことだけ。

いつまでもくよくよしていては、大事な人は浮かばれません。

もっと優しい言葉をかけてあげればよかった。

もっといい医者にみせてやればよかった。

やってあげることができなかったことを悔やむのは、残された者の傲慢です。

どんな人もその場その場で精一杯のことをやっています。そのときやったことが、自分の力のすべてでもあります。

亡くなった方は、こうして欲しかったなんて思ってもいません。ですから、自分の力に限界はあったけれど、いまは喜んでくれていると考えるべきです。

供養というのは、亡くなった方から教わったことや支えてもらったことを糧にして、いまを一生懸命生きること。「おかげでこんなに幸せに生きていますよ」と、見てもらうことが最高の供養です。

もし後悔が頭から離れなかったなら、これからは家族や友人など、周りの人たちにどうしたら役に立てるのかを考えるのです。

いままで出さなかった誕生日カードを出してあげるなど、とても小さなことでいいのです。
失敗というのは辛さという代償を払うことですから、月謝を払った分、
何かを見つけなければもったいない。
失敗から学ぶのです。
また、学びについてはいい祈りの言葉があります。

神よ
変えることのできるものについて、
それを変えるだけの勇気をわれらに与えたまえ。
変えることのできないものについては、
それを受けいれるだけの冷静さを与えたまえ。
そして、
変えることのできるものと、変えることのできないものとを、

識別する知恵を与えたまえ。

（ラインホールド・ニーバー／大木英夫訳）

愛する人が亡くなったという現実は変えることができないなら、受け入れましょう。

そして今日から、亡くなった方が喜んでくれるように、大事に生きるのが一番です。

CHAPTER

4

いつかくる死、終わりがあるから一生懸命になれる

死の瞬間は、本人にはわからない。
だから、死を恐れることはない。

CHAPTER 4

いつかくる死、
終わりがあるから一生懸命になれる

死は誰にでも訪れるものです。みんなが知っているけれど、多くの人は遠い先のことだと感じていて、何もなければ死について考えることはないでしょう。

死そのものは恐れることではないと私は感じています。

死の瞬間は、本人にはわからないからです。

眠りに落ちる瞬間に自覚がないように、だんだんと意識がなくなって死の世界に入っていきます。

私はいままで多くの方の最期を見届けましたが、誰もが死の際は意識がなくなり、静かに眠るように息を引き取っていきます。

これはどんなお医者様に聞いても同じで、どんなに苦しんだ人も最期の瞬間は静けさに包まれて安らかだといいます。

天国からお迎えがくるというのも納得できるほど、最期の一瞬は輝きが増すと話してくれた方もありました。

死は日常の続きに起こることであって、いろんな形で訪れるけれど、死自体は怖いものではないということを頭に入れておいてください。

なぜ死について考える必要があるのか。

一度きりの試験に馬鹿力が出るように、終わりがあると思うと一生懸命になれるからです。

人というのは危機が迫らないとつい怠けがちです。いつまでも時間とゆとりがあって、やろうと思えばしたいことができると考えますが、人生は短いのです。

また、困難は自分を成長させるいい機会です。

世界中が不安に揺さぶられているときこそ死について考え、いまを充実させるチャンスです。

お正月や誕生日など節目のときでもいいでしょう。

たまには時間をとって死について考え、いたずらに死を恐れないこと。

最期はみんなどうにかなると思って、いま現在に焦点を合わせることが大事です。

自分の気持ちを押さえつけず、
いまこの瞬間を
満足できることで埋めてゆく。

「人生の最期は静かに」
そう考えて死ぬ準備を整えても、死に方は自分では選べません。
多くの看取りをさせていただくと、人は帳尻を合わせるかのように、自分の気持ちに決着をつけて亡くなることがわかるそうです。

立派な方が立派な最期を遂げるとは限りません。冷徹だった人が最期に「ありがとう」と感謝し続けることもあれば、柔和だった人が急に傍若無人になって醜態を見せることもあります。

聖人のように優しかった知人は、亡くなる2週間前、誰もが信じられないような罵詈雑言を浴びせ続けました。そして言うだけ言って、最期は「ありがとうございました」と亡くなりました。元気なときは、優しい人でいなければと自分を押さえつけていたのかも知れません。

また、一大事業を成したある経営者は死ぬ間際に、「もっと遊びたかった」と話してくれました。「そのひと言が言えてよかったですね」と返すと、満足したように亡くなったのです。

人はいい面と悪い面を両方もっていて、バランスを取りながら生き、死んでいきます。無理をして自分を抑えたり、拒否していたものがあると、それが人生の終わりに噴き出してきて、自分のなかのあらゆる感情とのバランスを取ろうとします。

こうしてすべてを受け入れ、自由になって亡くなるのでしょう。

ですから、できるだけ自分を押さえつけないこと。いまこのときを楽しいと思えることを選びとって、自分を喜ばせてください。

人生は一瞬一瞬の積み重ね、人間の細胞も一瞬一瞬で変わっていきます。いまの状態は、次の瞬間にはもう移り変わっているのです。

大事にすべきは、いまこのとき。この一瞬に何をして、自分がどう思うかで、あなたが捉える人生の価値が変わってくるのです。

次にくるいいことを待つのではなく、過去を振り返るのでもない。

過去を思えば後悔が湧き出て、ずっと先ばかり思えばいまの自分を否定して、「もっと、もっと」と、欲が出てきます。

自分はいまこの瞬間に生きていることを忘れないで。

一瞬一瞬で自分自身に満足することが、心安らかな最期につながるのだと思います。

おわりに

私は今年で89歳を迎えます。80を過ぎた頃から、だんだん人からどう思われるか、誰と会っても、誰といても、よく思われたい、褒められたいと思わなくなりました。

人は、歳を重ねるほどに我欲は小さくなって、人はそれぞれで生きているんだとわかってきます。あるがままが一番。あるがままでいるほど、気持ちは楽になって、自分らしくいるのが一番安心できます。いまさら飾ったって仕方がないですから。

これが年の功というものかもしれません。

身体を気づかって運動していれば、この年齢になっても体力は十分もちます。人目も気にならなくなるのでおかげさまで実に自由です。

あなたも、いままで十分がんばってきたのだから、どうぞ自分を労ってリラックスしてください。

「がんばったなんて、とても言えない」という人も、過去に戻ってああすればよかったと考えないこと。今日も時間通りに起きた、混んでいる電車で心静かに乗っていた私はえらいなど、日常の小さなことを、きちんと認めてあげることが大事です。

手帳に書く予定がなければ、その隙間に自分への褒め言葉を書くのです。

1時間集中して本を読んだ。

綺麗な光の空を見上げた。

戸棚の引き出しを整理した。

小さなことをたくさん書けば、意外とできていることがたくさんあることに気づきます。

人から褒めてもらおうなどと思わず、自分で自分を褒めてあげましょう。ちゃんと生きていく力になります。

もうひとつ、できればちょっと人のために行動してみましょう。

狭い小道ですれ違うときに、一歩引いて先に相手を通す。

ご近所の方と会ったら、自分から「◎◎さん、こんにちは」と名前を呼んで挨拶する。


余裕がなければ、なかなかできないことです。人の役に立つ小さなことが、自分にとっての大きな喜びへと変わっていきます。

人づき合いの上では、「髪型、変わりましたね。とてもよくお似合いです」などと、自分がいいなと思ったことは言葉にして伝える。

そして自分が褒められたら「うれしいです」と素直に受け止める。

こういう小さな心がけが、これからの日本の社会で大事になってくると思います。

おわりに

昨年より、コロナ禍という思いもかけないことが起こっています。私の日常も大きく変わりました。

それまでは私は、全国各地へ毎月、講演にでかけていました。その数は年に数十にのぼり、大勢の人たちを前にお話しをしてきました。

そして時間が許す限り、さまざまな人からいただくお手紙に目をとおし、たまには出会った方々とお食事をご一緒する。そんな日常を過ごしていました。

ところが昨年から、すべての講演が中止や延期となり、会場までの往復と講演時間が自分のものになったわけです。

それによって、いままで以上に読みたかった本を読み、知りたかったことを調べ、いただいたお手紙に返事を書くなど、一つひとつ、さらにていねいに、ゆったりと過ごす時間ができました。

本書は、そんなコロナ禍の日々を過ごすなかで、執筆が進んでいきました。

最後に、本書ができあがるまでには、いろいろな方のお世話になりました。とくに私が長年にわたって連載させていただいている月刊『致知』編集部の方々には、転載を快諾いただきました。あらためて御礼申し上げます。

「よくできました！」と自分をほめて、自分を好きになる瞬間がひとつ、ふたつと増えていけば、もう大丈夫。

どうぞみなさまも、お幸せな一日をお過ごしくださいね。

聖心会シスター　鈴木秀子

初出一覧

CHAPTER 1

●姿勢が大事。しゃきっとした立ち姿は、心身を健康にしてくれる。
月刊『致知』(致知出版社) 2019年8月号

●名前を呼んで心をこめて挨拶する。相手も自分も気持ちが明るくなる。
『世界でたったひとりの自分を大切にする』(文響社)

●ちょっとがんばった日は、寝る前に「今日はこれができた!」と、自分をねぎらう。
月刊『致知』 2019年10月号

●何も成し遂げなくても、楽しい心で過ごしたならば、人生は大成功。
『いま、目の前のことに心を込めなさい』(海竜社)

CHAPTER 2

●幸せはすでに自分の中にある。それをただ、見つけるだけ。
「働く女のワークアンドライフマガジン」woman type 2015 July 29

●人の言動に一喜一憂するのは無駄なこと。6秒間呼吸を整えて自分に集中する。
月刊『致知』 2018年2月号

●落ち込んで誰かのせいにしていたら、なお自分を汚すことになる。
月刊『致知』２０１９年8月号

CHAPTER 3

●「やってあげられなかった」と悔やまない。あなたが、いまを生きていることが最大の供養。
月刊『致知』２０１９年11月号

＊引用にあたり改題改稿をしています。

参考文献

『奇跡は自分で起こす』鈴木秀子著（海竜社）
『今、目の前のことに心を込めなさい』鈴木秀子著（海竜社）
『自分の花を精いっぱい咲かせる生き方』鈴木秀子著（致知出版社）
『世界でたったひとりの自分を大切にする』鈴木秀子著（文響社）
『終末論的考察』大木英夫著（中央公論社）
「ナイルの水の一滴」志賀直哉著／『志賀直哉全集第十巻』（岩波書店）

【著者紹介】

鈴木　秀子（すずき・ひでこ）

◉――1932年静岡県生まれ。聖心会シスター。東京大学人文科学研究科博士課程修了。文学博士。

◉――フランス、イタリアに留学。ハワイ大学、スタンフォード大学で教鞭をとる。聖心女子大学教授（日本近代文学）を経て、国際コミュニオン学会名誉会長。聖心女子大学キリスト教文化研究所研究員・聖心会会員。国および海外からの招聘、要望に応えて、「人生の意味」を聴衆とともに考える講演会・ワークショップで、さまざまな指導に当たる。

◉――主な著書に『9つの性格 エニアグラムで見つかる「本当の自分」と最良の人間関係』(PHP研究所)、『あきらめよう、あきらめよう』(アスコム)、『世界でたったひとりの自分を大切にする』(文響社)、『今、目の前のことに心を込めなさい』(海竜社)、『自分の花を精いっぱい咲かせる生き方』(致知出版社)、『日本人の希望』(講談社／共著) など、多数ある。

◉――本書では、著者が長年にわたって書きためてきた「読書ノート」からイラストを掲載。初の公開となる。

機嫌《きげん》よくいれば、だいたいのことはうまくいく。

2021年3月12日　第1刷発行
2024年9月26日　第5刷発行

著　者――鈴木　秀子
発行者――齊藤　龍男
発行所――株式会社かんき出版
東京都千代田区麴町4-1-4 西脇ビル　〒102-0083
電話　営業部：03(3262)8011㈹
編集部：03(3262)8012㈹
FAX　03(3234)4421　振替　00100-2-62304
https://kanki-pub.co.jp/
印刷所――ベクトル印刷株式会社

ISBN978-4-7612-7538-9 C0095